Foreword

Since the founding of NTK in 1996, we've been focused on two primary goals: to help students develop academically into well-rounded individuals and to assist them in being accepted into the top universities of their choice. While we are proud of our students and their accomplishments over the years, we have continued to develop our services and in recent years, published several study guides to assist students in their studies.

With the International Baccalaureate programme becoming one of the leading curriculums followed in Asia and worldwide, NTK has published numerous guides covering various IB subjects to address the changing needs of our students. The publication of our IB Diploma Chinese Language B study guide continues our philosophy of writing accessible yet comprehensive study guides so that our students can master test taking skills and to further strengthen their knowledge in their respective areas of study.

This study guide is divided into three major sections: reading comprehension, writing, and oral to reflect the main elements of the Chinese Language B exam. Each section contains numerous tips and exercises as well as an audio section for students to improve upon their speaking and listening. Also included are six full-length practice tests accompanied with answers and explanations to fully prepare students for their exams.

A language, whether foreign or native, cannot be mastered in a single day. Focus and persistence are the keys to mastering a language, and no amount of studying can replace a good learning attitude and regular use of the language. Together with your hard work and positive learning attitude, we hope that our study guide will play an important role in your progression towards attaining outstanding marks.

Ng Teng Keat
(Director and Founder of NTK Academic Group)

W0007884

Contents

CD 录音目录

前　言

IB Diploma Chinese Language B Study Guide 是一本专门针对 IB 中文考试的应试教材。本书由德勤教育集团中文团队的资深教师编写，目的在于帮助考生在短期内梳理和强化所学的中文知识，并熟习 IB 中文考试的试题结构、考试形式，让考生的考试成绩能在最短时间内得以最大程度的提高。

一、本书构成

本书根据 IB 中文考试试题结构，共分为考试说明及试题回顾、应试指导和模拟测试三章。

- **考试说明：** 详细介绍 IB 中文考试的题型、分值、时间和评分标准等。
- **试题回顾：** 总结往年试题的出题规律，归纳测试重点，比较 Higher Level （HL）与 Standard Level（SL）的不同。
- **应试指导：** 通过例题讲解答题技巧，附答案范文，将常见的考问重点逐个击破，并配合适当的练习来帮助考生消化及巩固所学的知识。
- **模拟测试：** 依据过往 IB 中文考试试题而设计的模拟练习，提高应试技巧，全面评估考生实力。

二、本书特点

1、以近十年的 IB 考试的真实试题为参考，紧扣考试要求。

2、回顾历年试题，总结出题特点，进行有针对性的应试指导。

3、详细地讲解写作和口试部分，并均附范文，让考生参考，助其在短时间内掌握取分技巧。

4、阅读材料及写作、口试题目难度适中，贴近考生生活，且基本涵盖了历年考试的范围，有助激发考生的学习兴趣，提高其应试能力。

5、模拟测试从编排设计、题型模式到参考答案，都完全依照历年的真实试题编写，使学生得到全面的模拟训练，同时熟悉试题模式。

　　我们衷心希望，这本教材能够帮助广大考生在 IB 中文考试中取得理想的成绩！

Prologue

IB Diploma Chinese Language B Study Guide is the first exam guide published in Hong Kong that focuses specifically on knowledge and techniques for tackling IB Chinese exam. This study guide is written by a team of professional Chinese experts who have years of experience in teaching IB Chinese. The primary objective of this study guide is to help students strengthen their Chinese language proficiency, familiarize them with various types of exam questions, and enable them to improve their scores within a short period of time.

1. Structure

This study guide is based on the structure of IB Chinese exam and organized into three chapters: **exam format and past papers review**, **exam guidance**, and **mock exams**.

- **Exam Format:** A complete elucidation of the IB Chinese exam question formats, mark scale, exam duration, and assessment criteria.

- **Past Papers Review:** Synthesizing the main points in past exam papers, analyzing the format and contents of those frequently asked exam questions, and highlighting the differences between Standard Level (SL) and Higher Level (HL).

- **Exam Guidance:** Using illustrative questions, accompanied with model essays, to demonstrate how answering techniques can be applied practically to tackle various types of common exam questions. Exam guidance, together with practice tests, can help students enhance their existing knowledge and answering skills.

- **Mock Exam:** Using practice tests based upon actual past exam questions to strengthen students' exam skills and to evaluate their strengths and weaknesses.

2. Characteristics

1. Based upon IB exam papers in the past decade, and closely following the latest exam requirements.

2. Reviewing the exam questions for each year in order to synthesize the characteristics of different types of exam questions and to provide specifically designed guidance targeting the exam.

3. Detailed explanation for the writing and oral sections. Model essays provide students with examples to follow so that they can improve their writing skills and achieve high scores within a short period of time.

4. In order to stimulate students' interest in learning Chinese and improve their exam skills, the reading, writing, and oral materials in this book use scenarios closely related to daily life and are specifically designed to suit Chinese learners of different levels. The basic contents of the actual IB Chinese B level exam for each year are also covered.

5. The format and contents of the mock exam questions and model answers are based upon past questions and marking schemes of the official IB Chinese B level exam. The objective is to familiarize students with the exam format and to ensure that they have sufficient exam practice.

We sincerely hope that this study guide can enable students to achieve excellent results in the IB Chinese B level exam.

第一章　　考试说明及试题回顾

1、阅读理解部分

卷一为阅读理解部分，共四篇文章，满分为 40 分，考试时间为 90 分钟。试题分为两类：第一类为"阅读短文并回答问题"，第二类为"根据所给的文章及要求写一篇作文"。

第一类试题包括了判断题、选择题、问答题及选词填空等，都属于较为常见的阅读理解题型。

第二类试题要求学生根据所给的文章及要求，完成至少 120 字的短文。其评分取决于考生能否理解所给文章的内容，并恰当地运用文章的材料完成短文。

回顾以往阅读理解的真实试题，无论是 HL 还是 SL，第一类试题所选择的文章以记叙文和说明文为主，也考察考生对应用文的理解，如采访稿、新闻稿等；第二类试题以议论性的文章为主，要求考生就某一问题发表自己的看法。

SL 所选的文章篇幅约 400 字，语言比较浅显，问题也很明确；HL 所选的文章篇幅约 500 至 600 字，内容较 SL 复杂，但题目设置基本上与 SL 相同。因此，先仔细阅读题目，再根据问题重点阅读文章，是一种比较有效的答题方法。

2、写作部分

卷二为写作部分，满分为 30 分，考试时间为 90 分钟，要求考生从所给的题目中选取一个题目完成短文。SL 要求字数至少为 300 字，HL 要求字数至少为 480 字。

评分标准中规定，IB写作部分将从语言、表达技巧及思想内容三个方面作出评价。语言方面主要考察语法结构、词语运用和字体，当然语言的流畅程度也是考察的一个重点；表达技巧方面主要考察基本修辞手法的运用；思想内容方面则要求考生在写作时能够运用题目所给的材料来支持自己的观点，符合不偏离题目的要求。

从2002—2009年的作文真实试题来看，写作部分主要考察的是考生对实际问题的处理能力，因此题目以应用文为主，议论文次之，很少有记叙性的文章。当中的话题也多与社会时事有关，贴近考生生活，让考生易于抒发己见。所以，只要掌握正确的写作方法和答题技巧，便能够取得理想的成绩。

3、口试部分

SL/HL的口试主要分为"单独口试"和"分组或全班讨论"两个部分，每部分各占15分。

单独口试分为三部分：第一部分根据所提供的题目做一个3-4分钟的口头报告；第二部分是考生与老师之间的讨论，主要考察考生能否流畅地表达自己的观点；第三部分是考生之间的讨论，讨论话题不得与口头报告重复，主要为社会问题和全球问题。分组或全班讨论的考察形式多元化，主要内容有全班活动，小组报告，根据录像进行小组讨论或角色扮演等。

评分标准中规定，口试将从语言（流利程度、语音和语调）、文化（语气、措辞及交流是否自然流利）和信息（想法、观点是否清晰）三个方面来考察。

由于口试是校内评分的项目，每所学校都有自主出题和评分的权利，因此，该部分的历年真实试题并不统一。不过，虽然每所学校的试题有所差异，但无论是单独口试，还是分组或全班讨论，话题一般都围绕着青年问题、社会问题和全球问题展开。

Chapter 1 Exam Format and Past Papers Review

1. Reading Comprehension Section

The IB Chinese B Paper 1 reading comprehension section consists of four texts. The full mark for this section is 40% and the exam duration is 90 minutes. There are two types of exam questions in this section: Type 1 includes "short texts and short questions" while type 2 requires students to "write an essay based on a given text".

Type 1 questions include true/false, multiple choice, short questions, and fill in the blank questions. These are the common types of questions for reading comprehension.

Type 2 questions require students to complete a short essay of at least 120 words within 30 minutes, based on the requirements of a given text. The assessment criteria evaluate whether students are able to understand the given text and use suitable material from the text to complete a short essay.

Based on past exam questions of IB Chinese B HL and SL reading section, the selected texts for type 1 questions are mostly narrative and expository texts, though technical texts such as news reports and news articles are also used. However, most type 2 questions are based on argumentative texts and students are required to express their own opinions.

For Standard Level, the length of the selected texts are about 400 words. Those texts are relatively simple and their questions were also clear. As for HL, the selected texts are about 500-600 words long and are more complicated than those of SL in terms of the use of language. Yet the format of the questions is basically the same as that of SL. As a result, students should make sure that they understand the questions first and then read the text carefully with the questions in mind.

2. Writing Section

The IB Chinese B Paper 2 consists of a writing component. The full mark is 30% and the exam duration is 90 minutes. Students are required to choose one topic and compose one short essay. SL requires at least 300 words while HL requires at least 480 words.

The IB assessment criteria specify that the writing section should be assessed in terms of the use of language, ways of expression, and contents. The use of language focuses on the grammatical structure, use of words, handwriting, and particularly fluency in writing. The assessment for ways of expression covers the basic rhetorical skills. As for contents, students are expected to use materials from the given text to support their viewpoints. They should focus closely on the topic and avoid writing an off-topic or unfocused essay.

Based on past questions of the IB Chinese B SL and HL exam papers between 2002 and 2009, the assessment for the writing section primarily focus on students' ability to deal with actual problems. As a result of this, the types of essays that students wrote were mostly technical or argumentative essays and they were rarely asked to write narrative essays. Furthermore, those essay topics were related to current affairs and closely linked to the students' everyday life, which encouraged them to express their own opinions. Students can achieve excellent scores if they can firmly grasp the proper answering and writing skills.

3. Oral Section

The IB SL and HL oral section each consists of two parts: "individual oral exam" and "group exam or class discussion". Each part is 15 minutes long.

The individual oral exam is divided into three parts: Part one includes a three to four minute oral report based on a given topic. Part two is a discussion between the student and the examiner to test whether the student is able to express his/her viewpoints fluently. Part three is a discussion among students on a topic related to social and global issues, and must be different from that of the individual oral report. There are different ways of assessing students during the group or class discussion, including the use of class activities, group reports, role-playing, or group discussion based on videos.

The oral exam is assessed in three major aspects: Language (fluency, syllable, and intonation), culture (tone, words, and fluency in communication), and ideas (clarity of thoughts and viewpoints).

Since the oral exam is internally assessed, every school has the right to set its own exam questions and assessment criteria. As a result of this, the contents of the past exam papers for the oral section varied considerably each year. In spite of this, the topics for individual, group, or class discussion generally revolve around youth problems, as well as social and global issues.

第二章 应试指导

Chapter 2 Exam Guidance

第一节 阅读理解 Reading Comprehension

一、准确理解语言材料

该部分是历年 IB 阅读理解的考察重点，其目标是考察考生能否准确理解文章内容。具体考察内容如下：

- 能判断有关文章（或段落）内容的陈述是否正确。

- 能找出体现文章（或段落）主题的材料。

示例

合理饮食

（第一段） 吃饭绝不仅仅是一日三餐这么简单，如何才能吃得美味又健康？我们来看看专家的建议吧。

（第二段） 早餐一定要吃好。稀饭、炒面、甜面包等食物，糖和淀粉的含量比较高，可以增加大脑中的血清素。血清素有镇静的作用，所以早餐吃稀饭和面点类食物可使人的智力在上午达到最高峰。除此之外，[1]吃脂肪含量低的食物，如瘦火腿、鲜果、牛奶等，也可使人反应变得更为敏捷。而早餐最不宜吃熏肉、油条等食物，因为这些食物中含有大量的脂肪和胆固醇，不容易消化，吃多了会使流往脑部的血液减少，从而降低大脑的灵敏度。

（第三段） 午餐是一天中最重要的一顿饭。午餐可以补充一个人上午工作、学习所消耗的能量，同时为下午的工作、学习提供足够的能量。因此，一定要在保证食物美味的基础上，摄取充足的热量和各种营养，[2]专家建议多吃肉类、鸡蛋等含热量较高的食品。他们还建议，在选择午餐时，要本着"高糖、高蛋白、低脂肪"的原则。这是因为，糖类和蛋白质有助于恢复精力和体力，而过多吃油腻食物，易伤脾胃，所以要吃脂肪含量低的食物。

（第四段）　晚餐则可以吃一些易于消化、热量适中的食物，如粥、肉丝面条、蛋花汤等。这些食物不会加重胃的运作负担，也有利于提高睡眠质量。

（第五段）　此外，当我们感到累时，可以多吃一些花生、腰果、杏仁、核桃，这些食物含有丰富的维生素和蛋白质，有助于消除疲劳。[3]<u>看书时间过久，眼睛容易疲劳，宜多吃一些胡萝卜、动物肝肾、红枣、白菜等富含维生素 A 的食物，以减少视网膜上的感光物质——紫红质的消耗</u>，同时多喝茶对恢复和防止视力减退也有好处。

根据文章内容，从下面句子中选出三个正确的句子。

A、　稀饭、油条是最有营养的早餐搭配。
B、　炒面是热量高且较为油腻的一种食品。
C、　瘦肉、鲜牛奶的脂肪含量较低。
D、　多吃一些高脂肪的食品可以补充体能。
E、　午餐可吃含热量较高的食品。
F、　多吃胡萝卜和青菜有助纾缓眼睛疲劳。
G、　多喝茶有助于恢复体力。

答案及解析

答案：

C、E、F

解析：

此题主要考察学生提取文中有效信息的能力，正确的答案均来自文中相关原句，分别详见于文中画线并标有数字的位置。

二、补充缺漏

该题型要求考生能够在阅读中把握文章、段落的结构特点，根据语境，完整地补充文章或段落。SL 与 HL 的出题模式基本相同，主要是在规定的地方选择合适的词语（所供选择的词语以关联词为主）填空，或根据文章内容填补合适的句子。

示例

春节

（第一段）　提到春节，你首先会想到什么？是阖家欢乐的温馨气氛？是心满意足接过的压岁钱？<u>1</u>一起放鞭炮玩的儿时好友们？如果你是在外打拼的游子，<u>2</u>每年回家旅途的劳顿，一定给你带来过不少的麻烦。如果您因为工作事业忙碌已经很久没回家，那么就趁过年的这几天长假，回去陪陪父母吧。

（第二段）　以前，人们<u>3</u>在春节的时候才能穿新衣服、吃美味的食物，<u>4</u>在生活水平日益提高的今天，吃什么、玩什么已经不重要了，重要的是人们之间那种融洽和睦的气氛，过年的时候，每个人都笑脸迎人、互相祝福，这些都让我们体会到了浓浓的人情味。在中国人眼中，阖家团圆比什么都重要。

阅读文章，然后从下面的方框中选出合适的辞汇填空。

| 还是 | 从而 | 但是 | 即使 | 只有 | 所以 | 那么 | 虽然 |

1、＿＿＿＿

2、＿＿＿＿

3、＿＿＿＿

4、＿＿＿＿

答案及解析

<u>答案：</u>

1、还是；2、那么；3、只有；4、但是

<u>解析：</u>

　　该题所考察的关联词语均为常用的关联词，但所提供的备选词语数量大于应选数量，因此，考生须对关联词的功能有一个确切的把握。另外，回答该题的关键在于考生能够适当地利用上下文语境，判断应填在空白处的词语。

三、开放式问题

　　该题型要求考生根据短文内容回答问题。IB 开放式问题的题目一般比较浅显，而且一定能从文章中找到答案的依据，因此，考生答题时务必从文章入手。

示例

以瘦为美？

（第一段）　据有关研究显示，[1]<u>目前全世界，除非裔美国人和非洲少数族群之外，人们对于肥胖问题都有不同程度的焦虑</u>，尤其是女性，她们对于肥胖问题更为敏感。

（第二段）　"我要减肥"、"要是我能像你这么瘦就好了"，现在，我们时常可以听到这样的声音，因为我们正处于一个以瘦为美的时代。不知道从什么时候开始，[2]<u>骨感美成了大多数人追求的目标。</u>从演员、歌手到普通的民众，都对瘦身产品趋之若鹜。

（第三段）　打开电视，"某某瘦身按摩带"教你如何去除小腹、大腿等地方的多余脂肪；翻开杂志，明星的减肥食谱，等你试用；点击网站，会有各式各样的减肥小贴士……在我们的生活中，始终会有各种途径让我们在不知不觉中开始关注自己的体重。

（第四段）　瘦的标准被一改再改，减肥的风潮也是一浪高过一浪。虽然媒体不时会报道有关因减肥而损害健康的例子，但这样似乎并不能动摇减肥大军的士气，真不知道要付出多少血泪的教训，才能让近乎疯狂的减肥者冷静下来。

（第五段）　我们希望正在减肥的人们，在瘦身的同时，也注意自己的健康，[3]<u>毕竟健康的美才更长久！</u>

根据文章，回答下列问题。

1、根据第一段，哪些人很关注肥胖问题？

_____

2、根据第二段，现在人们对于美的追求目标是什么？

_____

3、根据第五段，作者认为怎样的美更长久？

_____

答案及解析

<u>答案：</u>

1、目前全世界，除非裔美国人和非洲少数族群之外，人们都很关注肥胖问题。

2、骨感美成了大多数人追求的目标。

3、作者认为健康的美更长久。

<u>解析：</u>

　　本题旨在考察学生对文章内容的理解和把握，答案在文中都能找到相应的原句，分别详见于文中画线并标有数字的位置。

四、根据短文完成写作

该部分主要考察考生阅读和写作的综合能力。考生须根据题目要求，选择合适的语言和文体来完成 120 字的短文。语言信息方面要求考生从所提供的文章中，筛选与写作主题相关的有用信息；文体方面要求考生利用与原文不同的文体样式来完成写作。

从历年考试的情况看，该题总体难度较高。因此，考生除了在平时训练中掌握好阅读技巧外，也须掌握好各种文体的写作技巧。

示例

你是否有过离家出走的念头？

"你是否有过离家出走的念头？在什么情况下你想离家出走？"近日，某网站对 14-18 岁的中学生进行了一项关于"青少年为何离家出走"的调查，令人担忧的是，在接受调查的学生中，有近 43% 的人曾经有过或目前有离家出走的念头，17% 的人曾经离家出走。由此可见，青少年离家出走已经成为了一个严重的社会问题。

有专家指出：14-18 岁这个年龄阶段的孩子，正处于生理和心理发展的关键期，他们一方面仍然很依赖父母，另一方面又出现了强烈的自主意识，不再希望被父母牵着鼻子走。但是很多父母不了解这个阶段孩子的心理需求，对孩子的要求过于严格，并片面地认为只要管教严格，孩子将来就一定能成才。但是他们又很少与孩子沟通，这导致了孩子对父母的反感，使父母与孩子之间的心理距离越拉越远。最终，青少年可能会为了逃避父母的管教而离家出走。

从青少年自身来说，离家出走也反映出当今青少年普遍存在的心理问题。由于现在大多数青少年都是独生子女，父母的溺爱使他们承受压力的能力非常低。一些小小的挫折和打击都会使他们产生离家出走的念头。例如，有的青少年犯错后觉得没面子，又没有承认错误的勇气，于是干脆用离家出走的方式来逃避责任。其实，这是一种没有责任感的表现。

　　同时，专家也指出，离家出走的青少年并不是想真正地离开亲人和朋友。所以，只要父母多与孩子沟通，通过交流增进彼此的了解，用正确的方式教育青少年成为有爱心、有责任感的人，就一定能解决离家出走的问题。

用《你是否有过离家出走的念头？》里合适的部分完成下面练习题。至少写 120 字。不要大段抄写。(SL)

你的朋友因为一点小事与父母产生了矛盾，想离家出走。请你写一封信给他/她，劝他/她不要离家出走，并给他/她一些解决问题的建议。

写作提示

沟通目的：非正式的书面交流

1、文化沟通：

这次的写作目的是以书信的形式给朋友写信，因此在写作时，应用第一人称、非正式的语气，且须遵守一般书信的格式。考生必须清晰地表达出对朋友的理解，表明自己不赞同他/她离家出走的原因，并指出解决问题的方法。

2、表达内容：

应以内容的合适度与全篇语意的通顺性来评断书写的内容是否抄袭，而非以抄袭的内容长短来评断。作者应选择以下的部分内容：

1) 理解朋友为什么想离家出走。

2) 父母不了解青少年的心理需求，对他们的要求过于严格。

3) 父母对孩子要求严格是为了孩子的将来着想。

4) 因逃避父母的管教而离家出走，不是解决问题的办法。

5) 离家出走是承受压力能力低和没有责任感的表现。

6) 应该勇于面对问题，拿出解决问题的勇气。

7) 与父母增进沟通了解，做一个有爱心，有责任感的人。

评分标准

要达到 5 级标准（即对原文有大体的理解），必须包括以上至少 4 项内容；要达到 9 级标准（即对原文有彻底的理解），必须包括至少 7 项内容。

范文

亲爱的 XXX：

你好。听说你想离家出走，我很难过，希望你能慎重考虑，不要因为一时冲动而做出这样的举动，这会给你和家人都带来很大的伤害。

我完全可以理解你的想法，一定是父母不理解你的心理要求，对你的要求过于严格，给你造成很大的压力。的确，我们的竞争压力已经很大了，父母不应该再给我们压力，但是，站在他们的角度上想想，父母也是为了我们好，他们严格地要求我们，是希望我们能有一个美好的未来。

我认为，离家出走并不是解决问题的办法，相反，它是承受压力能力低和没有责任感的表现。我们应该做一个有责任感的人，勇于面对问题，而不是逃避问题。试试好好跟父母沟通，增进彼此的理解。我想你一定会处理好这个问题的。

祝你生活愉快！

XXX

X 月 X 日

第二节　　写作指导 **Writing**

一、应用文

应用文又叫实用文，是日常工作、学习和生活中经常使用的一种文体，也是 IB 中文考试写作部分最为常见的考察文体。

应用文包括日记、广告、申请书、报告、说明书、书信等。

由于应用文对文章格式有固定的要求，所以在训练时，我们可以先从格式入手，进而解决语言及内容的问题。

从历届试题来看，日记、书信、演讲稿（辩论稿）、申请书、通知、广告等都是考察的重点。

日记

1、什么是日记

一个人把每天学习、工作、生活中的见闻有选择地、真实地记录下来的文字就是日记。

2、日记的基本格式

年　月　日	星期　　天气
正文 *正文的内容要真实有趣，重点要* *突出，不能作流水帐式的书写。*	

3、示例（范文中加粗词语的解释详见书后词汇表）

你在放学回家的路上，看到一个可怜的流浪汉。写一篇日记谈谈你的感受。（HL）

X 年 X 月 X 日 　　　　星期 X　　　　天气 X

今天傍晚，我在放学回家的路上见到一个流浪的老人。现在是隆冬季节，寒风呼啸，路人都裹紧了衣服匆匆赶路，而他却赤裸着上身，下身只穿了一条短裤，在寒风中**瑟瑟发抖**。他瘦得仿佛只剩下**皮包骨头**，我看得出来，他很痛苦也很无助。我还注意到，他的手里一直拿着一个牌子，上面写着"我无家可归，又饿又冷，请帮助我。"

很多人头也不回地从流浪汉的身边走过，脸上没有一丝同情或**怜悯**，而我却忍不住多看了他几眼，心里很不是滋味。老人已经年过半百，这个年龄不正应该跟家人在一起享受**天伦之乐**吗？可是现在，他却一个人在寒冷的冬日街头，向来往的行人乞讨。更可悲的是，竟然没有人愿意帮助这个无助的老人。我不知道，为什么社会越来越发达了，人们之间的关系却反而越来越**冷漠**了。面对像流浪汉这类需要帮助的人，大家都仿佛**视而不见**，难道只有关系到自身利益的事情，才能引起人们的重视吗？

这位流浪汉是否也有亲人？是否也有一个温暖的家？那么现在他的家人在哪里，他又为什么会**无家可归**？我想，如果我们每个人都善待自己的父母，每个人都去关心身边需要帮助的人，这个社会就会变得更加美好了。

我给了那个可怜的老人一些钱，他很感激地朝我点头，可是我并不快乐。我希望在这座城市里，我再也不会见到这样悲惨的景象。

你很想养宠物，可是你的父母却不同意。写一篇日记谈谈你的感受，并计划如何说服他们让你养宠物。（SL）

X 年 X 月 X 日　　　星期 X　　　天气 X

　　昨天我在小明家看到了他养的一只宠物狗，它全身雪白，远远看去就像一个大雪球，漂亮极了。我多想自己也能拥有一只这样的小宠物啊！可是，当我把这个想法跟爸爸妈妈说了之后，他们却一致反对。爸爸说养宠物很浪费时间，我现在还是学生，平时学习已很忙，根本没有时间**悉心照顾**它；妈妈说养宠物很脏，必须经常打扫卫生，非常麻烦。我听了以后很不高兴，虽然他们说的话是有道理的，但我还是决心改变他们的看法。

　　我想好了，明天就行动。我要找爸妈当面谈谈，告诉他们我会好好学习，一定不会因为养宠物而耽误了自己的学业。另外，从现在开始，我要自己的事情自己做，还要经常帮妈妈做一些**力所能及**的家务。我想，只要我**身体力行**，用行动来证明养宠物不但不会影响我的学习，反而能丰富我的课余生活，还能培养我的爱心、耐性以及照顾自己的能力，我相信爸爸妈妈就一定会支持我的。

4、练习（SL 不少于 300 字，HL 不少于 480 字）

1）　假设今天是你的生日，你的家人和朋友给你举办了一场非常盛大的生日派对，请你写一篇日记叙述派对上发生的趣事。（SL）

2）　学校今天举办校外活动，由老师带领大家到社区敬老院看望老人，请写一篇日记叙述你参加活动的见闻和感受。（SL）

3）　你代表学校参加了全港的演讲比赛，本来你非常有信心取得好成绩，但是比赛的时候你忘记讲辞了，因而未能取得名次。请你写一篇日记叙述自己的参赛感受。（HL）

4）　你的朋友考上了美国一所著名的大学，而且马上就要出国留学了，你很替他高兴，但也很舍不得和他/她分别。请写一篇日记，回忆一下你们曾一起度过的美好时光，并说明自己此时此刻的复杂心情。（HL）

一般书信

1、什么是一般书信

一般书信就是我们通常说的私人信件。

2、一般书信的格式

称谓语 •• *称谓语要*

顶格书写

问候语

正文•••••••••••••••••••• *正文的内容要清晰*

明确，分段须空两格

祝颂语

署名•••••••••••• *署名前可加入与身份相*

应的称呼，如你的朋友、学生等

日期

近几年考试，书信写作也常常以写 E-mail 的形式出现，但其基本格式是不变的。

3、示例

你的一位朋友在外国学习，你很想念他/她，请写一封信给他/她，询问他/她的生活和学习情况。（SL）

亲爱的 XXX：

　　你好。时间过得可真快，去年夏天，我们在机场告别的情景还**历历在目**，转眼间你到美国读书已经一年多了。我非常想念你，最近一切都好吗？

　　美国的食物符合你的胃口吗？西餐都是一些油炸和汉堡之类的食物，吃多了对身体不好，你可要学会料理好自己的饮食起居啊！在那里你一定很少吃四川菜吧，你会否特别想念家乡的美食呢？下次等你回来，我亲自下厨给你做几道家乡菜。不瞒你说，我向爸爸妈妈学做了几道菜，手艺还不错呢。

　　你的学习情况如何？习惯那边的教学方式了吗？你在我心目中一直都是个非常聪明的人，想必你的英文已经说得非常地道了吧。我爸爸妈妈常常要我向你学习，尤其是要多跟你用英语交流，了解国外的历史文化。

　　另外，你在美国应该有很多新朋友吧，你们之间有什么有趣的事情呢？可以跟我分享吗？很期待你的回信。

　　祝你学习进步，生活愉快。

　　　　　　　　　　　　　　　　　　　　　　XXX

　　　　　　　　　　　　　　　　　　　　　　X 月 X 日

2008 年的四川地震给灾区的人民带来了极大的痛苦，请你给灾区的学生写一封信，表达你对他们的关心。（HL）

亲爱的同学：

你们好！我是你们远在香港的一位朋友，我跟很多人一样，都时刻关心着你们现在的生活。

我知道，2008 年 5 月 12 日是你们**永生难忘**的一天，这一天发生的大地震让你们在一瞬间失去了家园、学校和亲人。在电视画面中看到你们倒塌的校舍和痛苦的表情时，我真的非常痛心。想到你们还如此年轻，却已经要**承受**人世间最大的痛苦，我真的很想尽自己所能去帮助你们。幸好在这个最危难的时候，所有中国人都团结起来，努力为你们减轻伤痛。在香港的**大街小巷**、学校、社区，各种各样的赈灾活动也正**如火如荼**地开展，我和我的同学也参加了在香港维多利亚公园举办的募捐活动。虽然我们捐的钱并不多，但它代表了我们对你们的关心，我想所有人的心都是一样的，那就是希望你们能够早日重建家园，回到学校学习。

我希望你们能够勇敢、坚强地活下去，对未来充满希望，努力学习，为自己的理想而奋斗。

最后，我想说，虽然我们远隔**千山万水**，但是我们的心却彼此相牵。爱会让生活充满希望，让我们一起面对灾难，一起重建美好的家园吧！

祝你们能早日恢复正常的生活。

XXX

X 月 X 日

你的朋友马上就要升学考试了，他/她感到压力很大，紧张不已。请你写一封信告诉他/她应该怎样放松心情，自我减压，用良好的心态迎接考试。（SL）

亲爱的 XXX：

很久没有收到你的来信了，很是**挂念**。你在信中提到自己因害怕考试失败而**导致**头痛、失眠和精神紧张，严重影响了学习的情绪，真使**我担心**不已。

我建议你要多做运动，例如，慢跑、踏单车、做健身操等。运动可以帮助你松弛神经，达到减压的效果。当然，你也可聆听**柔和**的音乐、享受一顿美味的大餐，或者买一样自己喜欢的东西，这些都能消除学习压力，带给你快乐。

你还可以主动找家人、朋友**倾诉**，让他们与你分担。另外，当你遇到学业上的困难时，亦可向老师求助，他们一定会尽心尽力地协助你解决问题。

最后，你要明白，考试的成绩并不代表什么，即使成绩不理想，只要已尽力，便**问心无愧**了。所以，你不要过分地要求自己，给自己太大的学习压力，你要学会自我欣赏，肯定自己的努力。我衷心希望上述的建议有助你消除学习压力，期待收到你的回信。

祝生活愉快！

好友：XXX

X 月 X 日

4、练习（SL 不少于 300 字，HL 不少于 480 字）

1) 马上就要毕业了，请写一封信给你的老师，表达你对他/她多年
    来谆谆教诲的感谢之情。（SL）

2) 你最好的朋友生病住院了，请写一封信给他/她，表达你对他/
    她的关心，并嘱咐他/她好好休息。（SL）

3) 你有一位美国的朋友要来中国旅游，他/她写信请教你在旅途中
    要注意的事情，并请你介绍几个中国著名的景点。请写一封回
    信给他/她。（HL）

4) 你的朋友没能考上心目中的大学，心情非常低落，请你写一封
    信去安慰他/她。（HL）

申请书

1、什么是申请书

申请书是一种专用书信，是个人或集体向机构、社团、学校等表述愿望、提出请求时使用的一种文书。

2、申请书的格式

申请书与一般书信的格式基本相同，在称谓的位置应写上接受申请书的对象（团体或个人）名称，正文部分主要包括以下内容：

- 申请的内容：开篇就要向对象提出申请的要求。应开门见山，直接了当，不可含糊其词。

- 申请的原因：说明写申请书的目的、意义及自己对申请事项的认识。

- 申请的决心：最后进一步表明自己申请的决心。

申请书应写得具体、详细、诚恳而有分寸，语言要朴实准确，简洁明了。

3、示例

2008 年奥运会主办单位要找接待运动员和游客的志愿者。你非常希望得到这个机会。写一封申请书。 （HL）

尊敬的负责人：

您好。我是来自 XX 学校的 XX，是次来函是为了申请加入奥运志愿者的队伍，我愿意用自己的**微薄之力**，为奥运会这个全世界的盛事作出贡献。

奥运会是全世界一起交流的体育盛会，志愿者是这个盛会中**不可或缺**的组成部分。正是有了志愿者积极、热情的服务，才给所有参与这次盛会的人们更为难忘的经历。

我非常希望在志愿者的工作中服务他人，**锻炼**自己。而且我认为自己是能够胜任奥运会接待工作的理想人选。

首先，我是一名来自英国的学生，英语是我的母语，除此之外，我还能说流利的法语和西班牙语。因此，在接待各国志愿者的时候，我可以很流利地跟他们交流。其次，我已经在北京生活了四年，对北京的衣食住行等生活的各个方面都有很深入的了解，所以，我有能力帮助运动员们解决他们生活中遇到的困难。再次，我还是学校志愿者队的成员，参与过校内外很多活动的志愿者服务工作。在这些活动中，我锻炼了自己**待人接物**的能力，也懂得如何处理各种**突发**情况。

希望您能够给我这次机会，让我一展所长，接待好奥运会的运动员和游客。

申请人：XXX

X 月 X 日

一家旅行社正在寻找通晓中英文的学生做暑期导游，请写一封申请信，介绍你自己并说明为什么你能够胜任这份工作。（SL）

尊敬的领导：

您好。我叫 XX，是来自 XX 学校旅游英语专业的学生，是次来函欲申请贵公司的暑期学生导游一职。

我觉得自己能够**胜任**这份工作：

首先，我是旅游专业的学生，受过专门的导游训练。另外，我也参加过很多教学实践活动，曾经接待过来自美国、日本、韩国、德国等 11 个国家的旅游团，我的服务也深得他们的好评。

其次，我有良好的中英文水准。我在去年已经成功获得汉语普通话一级乙等证书，英语通过了专业八级的考试。我的口头表达能力强，讲解**幽默风趣**，能够用中英文与旅客交流。

此外，我有很强的适应能力，在暑期也有很多的空余时间，可以接受公司任何时间的安排。

非常感谢您花**宝贵的**时间阅读我的求职信，希望您能给我面试的机会，我**诚恳地**期待与你们合作。如有任何查询，可以**随时**通过电邮或电话联络本人。我的电邮是 12345@hotmail.com，电话是 12345678。

申请人：XXX

X 月 X 日

4、练习（SL 不少于 300 字，HL 不少于 480 字）

1) 学校的学生报社要招聘编辑，请你给报社的负责人写一封申请信，介绍你自己并说明你为什么能够胜任这份工作。（SL）

2) 请给你所在城市的运动会筹委会写一封申请信，申请成为运动会的志愿者，并说明自己申请的理由及能够胜任的条件。（SL）

3) 学校将选派一名同学到美国交流学习，你非常想得到这个机会，请给校长写一封申请信，说明你为何是合适的人选。（HL）

4) 你非常想加入学校的文学社，请给社长写一份申请书，介绍你自己，并说明你申请加入的原因。（HL）

倡议书

1、什么是倡议书

倡议书由个人或团体发出，作用是宣传及推广某项活动，书写格式和一般书信大致相同，由标题、称呼、正文、结尾、署名组成。

2、倡议书的格式

- 标题：标题一般直接写上"倡议书"三个字，也可以写成《关于ｘｘ的倡议书》。

- 称呼：写称呼是为了明确受倡议的对象，一般要依据对象而选用适当的称呼，如"亲爱的同学们"、"各位老师、各位同学"等。

- 正文：这是倡议书的主体，可以分成两部分。

  第一部分要写明在什么情况下，为了什么目的，发出什么倡议，倡议有哪些作用、意义。

  第二部分表明倡议的内容和要求做到的具体事项，如应开展怎样的活动、做哪些事情、具体要求是什么等。此外，倡议的具体内容最好分成条目写出，这样才能清晰明确、一目了然。

- 结尾：结尾要表示倡议者的希望，或者提出某种建议。倡议书一般不在结尾写上表示敬意或祝愿的语句。

- 署名：在右下方写上发出倡议的团体或倡议者的姓名，然后另起

  一行表明发出倡议的日期。

3、示例

你们学校有一名同学不幸发生意外，急需大笔医疗费。请以学生会的名义，向全校同学发起捐款倡议。（SL）

爱心捐款倡议书

各位同学：

　　"施比受更有福"，只要人人都**奉献**出一点爱，世界将变得更加美好。

　　今年 10 月 9 日，我校十一年级甲二班学生陈强在参加校际青少年自行车比赛的途中，不幸发生了意外事故，造成半身**瘫痪**。为了给儿子治病，陈强的父母一年多来，花尽了家里所有的积蓄，但尚欠三十多万元的医疗费。为此，他们**东奔西走**，寻求社会好心人的帮助。在这个过程中，他们曾经遭受别人的冷眼甚至欺骗，但是他们没有因此而放弃，反而以无比坚决的信心，扶助爱儿走上康复之路。

　　为此，学生会倡议全校同学，为陈强同学献出一份爱心，**慷慨解囊**，助陈强战胜病魔。

捐款时间：X 年 X 月 X 日—X 月 X 日

捐款方式：本校文化广场募捐箱

联系电话：12345678

联系人：XXX

学生会

X 年 X 月 X 日

4、练习（SL 不少于 300 字，HL 不少于 480 字）

1) 请你以学生会的名义写一封环保倡议书，呼吁全校同学珍惜地球，保护环境。（SL）

2) 马上就要期末考试了，请你写一封倡议书，呼吁全体同学自觉地遵守考场纪律，以杜绝作弊。（SL）

3) 请你以学生会的名义写一封捐款倡议书，呼吁全校同学为贫困山区的儿童捐献财物，帮助他们完成学业。（HL）

4) 目前青少年吸毒的问题日益严重，请你以学生会的名义，写一封倡议书，呼吁同学珍爱生命，远离毒品。（HL）

演讲稿

1、什么是演讲稿

　　演讲稿就是演讲者说的话，也叫"讲稿"或"演讲辞"。演讲即是在许多听众前发表自己的意见，以达到某种目的，所以演讲前，发言者应先构思或写好讲辞。演讲可分为专题演讲和集会致辞，专题演讲有特定的演说题目；集会致辞包括介绍辞、欢迎辞、惜别辞、致谢辞等。

2、演讲稿的格式

　　一个完整的演讲稿由称谓、开端、正文和结束语组成。

- 称谓：置放于演讲稿的开头，用以向主持人和听众打个招呼。可以用笼统的称呼，如"各位"、"各位来宾"，也可指明听者的职衔，如"陈老师"、"李教授"。称呼的先后次序必须按照身份的尊卑来排列，先特称，后泛称，如"尊敬的刘处长、许主任、各位老师、各位同学"，并注意于称谓后加上冒号。

- 开端：用以说明演讲的原因。可运用一些技巧导入话题，如讲述一个故事、提出一个问题、分析一下社会时事等，然后引入主题。

- 正文：这是演讲稿的主体，紧接着开端提出来的问题或观点，有条理地分段阐述。

- 结束语：一般以恳请指正或表示祝福感谢的话作结尾，如"以上都是一些粗浅的见解，请大家指教"、"祝大家在这次比赛中取得优异的成绩"等，也可对整篇演讲稿做一个简短的总结，但无论用何种方式，结束语务求简洁有力。

3、示例

你就读的学校正在举办一场以"阅读与成长"为主题的演讲比赛。请你为这次比赛写一篇演讲稿。（HL）

各位老师、各位同学：

　　大家好！我是 XXX，很荣幸今天能在这里跟大家分享阅读的乐趣。我演讲的题目是《阅读与成长》。

　　从小到大，读书一直都是我最大的爱好。书本蕴藏着**无穷无尽**的智慧和知识，使我**心驰神往**。每当打开书本的时候，我的心就会马上变得**宁静**，所有的哀愁都**烟消云散**，心中充满了阅读的愉悦。

　　读书，让我由一个**懵然无知**的孩子，成长为一个能够认识世界、懂得独立思考的中学生。有人说"优秀的书籍就像一盏神灯，它可以照亮人们最遥远、最**黯淡的**生活道路。"的确，书本教会了我很多做人的道理，让我在困难的时候，有前进的动力。我喜欢读的书有很多，无论读童话、传记还是历史书，我都会被书中**栩栩如生**的故事所吸引。我在童话中与公主和王子对话；在传记里看热血男儿的奋斗故事；在历史书中，我窥见了人类文明的发展历程，也看到了无数英雄豪杰对公平、自由、正义和真理的不懈追求！

　　各位同学，书本是可以陪伴我们一生的**良师益友**。就让我们一起与书结缘，与书为伴，**开拓视野**、增长见识，感受阅读的乐趣。我相信，阅读可以让文明之火**薪火相传**，照亮人类前行的漫漫长路，也会让智慧之声响彻这美丽人间！

　　谢谢大家！

你要参加学校学生会主席的竞选活动，请你准备一篇竞选演讲稿，说明你参加竞选的目的、你的才能以及当选后的计划。（SL）

各位老师、各位同学：

大家好！今天能站在这里参加学生会主席的竞选活动我感到很荣幸，在此我先对大家的支持表示由衷的感谢。我叫 XX，来自 XX 班，现为学生会康乐干事。在过去的一年里，我曾策划组织过很多活动，包括迎新营、歌唱比赛、演讲比赛、卖物会等。这些工作不但使我累积了与其他干事协调合作、管理团队的经验，也使我赢得了老师和同学的信任。

我对学生会工作**满腔热情**，希望把它建立成一个真正为同学服务的组织，并成为学校领导层与学生之间一道沟通的桥梁。与其他候选人相比，我更有一颗**不折不扣**，为同学们服务的责任心。如果我有幸当选，我将借鉴上一届主席团的宝贵经验，**实事求是**地为同学服务，并与其他干事成员**通力合作**，**群策群力**，实现学生会的贡献精神。

最后，我真诚地希望大家相信我，支持我，给我这次展示能力的机会。我相信只要我们一起努力，学生会的明天就一定会更加美好。

谢谢大家！

你将代表毕业班的同学在学校毕业典礼上发言，请写一篇演讲稿，分享你的临别感受。（SL）

尊敬的校长、各位老师、各位同学：

　　大家好！我是十三年级的 XXX。今天很高兴能够代表毕业班的同学，在这里分享**临别**的感受。

　　光阴似箭，日月如梭。转眼间，我们就要毕业了。首先，我们要感谢校长和老师们七年来对我们的悉心**栽培**，除了教授我们丰富的知识外，还教导我们做人处事的道理，使我们由无知变得成熟，并懂得什么是无私和奉献，成为一个对社会有用的人。

　　接过毕业证书后，同学们就会各奔前程：有的会升读本地大学；有的会到外国求学，追寻自己的梦想；有的会到外面找工作，累积社会经验；还有的会到世界各地做义工，体验人生。在此，我衷心祝愿各同学**前程似锦**。

　　即将离去，我们都十分难过。但是，作为毕业生，我们的心里应该充满使命感。我们一定要**发奋图强**，努力迎战未来，成为一个积极有为的青年，报答老师对我们的恩情。

4、练习（SL 不少于300字，HL 不少于480字）

1) 你是一名品学兼优的学生，将代表学校参加一个学习经验交流会，请写一篇演讲稿分享你学习的经验。（SL）

2) 学校要举行读书节活动，你作为学生代表，将在活动的开幕式上发言，请写一篇演讲稿，说明读书的好处，并呼吁同学们积极参加这次活动。（SL）

3) 你要参加一个关于学生发展的讨论会，题目是"学生应否在校外做兼职"，请写一篇演讲稿发表自己的看法。（HL）

4) 假设将有一批来自美国的中学生到你们学校作交流访问，而你又将会在欢迎仪式上发言，请写一篇演讲稿，简单介绍你们的校园生活，并对他们的到来表示欢迎。（HL）

辩论稿

1、什么是辩论稿

辩论稿是在辩论中陈述自己观点的文体，其格式基本上与演讲稿相同，但辩论稿的称谓一般是"主席"、"对方辩友"，内容上说理性也更强，且论点要简明有理，论据要充分得当。

2、 辩论稿的格式

辩论稿开头应加上对主席、评委和对方辩友的称谓，主体部分与一般议论文基本相同，但必须注意内容要有条理，并须分层次地阐述自己的观点。

3、示例

你要参加一次主题为"城市和农村的成长环境哪一个对年轻人比较好"的辩论赛，你觉得城市的成长环境比较好，请写这份辩论稿。（HL）

主席、评委、对方辩友：

大家好！我方的观点是"城市的成长环境对年轻人比较好"。

首先，城市能够给年轻人提供更好的学习环境。年轻人正处于成长的**关键期**，城市良好的条件更有利于他们的成长。城市的学校、图书馆，无论是数量还是质量都远远超过了农村。在中国很多**偏远的**农村，连象样的学校都没有，更不用说图书馆了。城市的学生可以在宽敞明亮的教室里学习，农村的学生只能在低矮**破旧的**瓦房里上课；城市学生可以用现代化的多媒体教学仪器，而农村的学生可能连电脑的模样都不知道。

其次，城市的学校有更好的师资条件。由于城市比农村更能**吸引**到优秀的人才，城市的学生也就比农村的学生有更好的老师。有优秀老师的**谆谆教诲**，无疑对年轻人的成长有很好的帮助。

再次，城市的年轻人也比农村的年轻人有更多参与各种活动的机会。每年都有各种各样的会议、活动在城市举行，年轻人可以藉此来锻炼能力、开拓视野，这一点是生活在农村的年轻人所**缺乏**的。

综上所述，无论从教育条件还是实践机会来说，城市的成长环境都对年轻人比较好。所以，我方坚持认为：城市的成长环境对年轻人来说比较好。

4、练习（SL 不少于 300 字，HL 不少于 480 字）

1) 学校举办社际辩论赛，题目是"学校应否禁止学生在校内使用手提电话"。假设你是辩论队的主辩，代表正方立场发言，试拟写一篇辩论稿。（SL）

2) 学校将举办辩论赛，题目是"谈恋爱是否会影响学习"，请你选择正方或反方立场，写一篇辩论稿。（SL）

3) 你代表学校参加辩论比赛，题目是"自学是否有利于成才"，你代表正方立场发言，请拟写一篇辩论稿。（HL）

4) 中国某媒体正在举行一场关于"奋斗和机遇哪个更重要"的辩论，请选择你所支持的观点，写一篇辩论稿。（HL）

注意事项

1、注意事项

注意事项的作用在于提醒和强调应该注意的事情，一般用于通知和活动介绍中。

注意事项最重要的，是要写清楚须注意的事情，语句不应复杂累赘。

2、注意事项的格式

- 标题："XXX 注意事项"。

- 称谓：根据不同的对象而选用适当的称呼，如"各位同学"等。

- 正文：简单交代事件，并逐条列出须注意的问题，如有特别重要的事项应该加以强调。

- 署名和日期：在正文右下角写上注意事项发出的单位和日期。

3、示例

学校要组织一次野外活动，请写一份"活动注意事项"，包括时间、地点、活动内容、须携带的东西等。（SL）

野外活动注意事项

各位同学：

　　为丰富同学的课余生活，增进同学间的**交流**，学校将于 10 月 5 日**组织**野外活动，活动地点为 XX，现将有关注意事项通知如下：

1. 请同学们以班级为单位，于 10 月 5 日早上 8 时正在学校西门集合，各班班长负责点名及统计人数，迟到的同学将被取消活动资格。

2. 本次活动会安排旅游大巴接送同学，如有同学需要由家长接送，请通知家长在集合地点等候。

3. 本次活动内容包括攀岩、烧烤等，同学们须自备户外运动用品和烧烤的食物，尤其要注意备足饮用水。

4. 在活动过程中，同学的一切行动须听老师指挥。如需早退必须向所在班级的班主任申请，不得**擅自**离开队伍。

5. 参加攀岩的同学请注意安全，要系好安全带，依次进行活动，如遇身体不适，请**及时**告知带队老师。

6. 烧烤时请注意用火安全，并注意场地卫生，烧烤结束后，同学须自行清理**遗留**于场地的垃圾。

7. 在活动中如遇各种紧急事故，请与负责人张老师联络，电话：XXX

体育部

X 月 X 日

最近爆发了一种流行疾病，你作为学生会主席，试写一份流行病预防指南，告诉同学们预防这种流行病的注意事项。（SL）

预防 XX 流感的注意事项

各位同学：

　　接卫生部门通知，最近一种名叫 XX 的新型流感正在**蔓延**，**迄今**已有 50 多人受到不同程度的感染。目前，本港尚未有合适的药物能够预防和治疗这种流感，因此学生会提醒同学们，近期一定要注意个人卫生安全：

1. 避免接触流感类症状（发热、咳嗽、流涕等）或肺炎等呼吸道病人。
2. 注意个人卫生，勤洗手，尤其是接触过公共物品后要洗手。
3. **避免**前往人群**拥挤**的场所。
4. 咳嗽或打喷嚏时，用纸巾遮住口鼻，然后将包好的纸巾丢进垃圾桶。
5. 少吃生冷及辛辣的食品。
6. 个人如有发热、头痛、咳嗽等症状请及时到医院**就诊**。

　　另外，学校医务室给同学们准备了一些预防感冒的药物，以及关于流感预防的知识手册，有需要的同学可以凭学生证免费领取。学校医务室的办公时间是：周一至周五早上 8 时正至下午 5 时正。

学生会

X 月 X 日

4、练习（SL 不少于 300 字，HL 不少于 480 字）

1) 马上就要放假了，请你写一份"假期安全注意事项"，提醒同学们在家和外出时须注意的相关安全事项。（SL）

2) 天气渐转炎热，有越来越多的同学喜欢去游泳，请写一份"注意事项"，提醒同学在游泳时须注意的人身安全。（SL）

3) 天气预报说最近两天会有台风登陆你所在的城市，请写一份"注意事项"，提醒同学在台风来临时注意安全。（HL）

4) 学校准备带领同学们去参观花灯展览，请写一篇"注意事项"，告诉同学们参观时要遵守纪律，听从指挥。（HL）

介绍性文章

1、什么是介绍性文章

介绍性文章是指用来说明人物或事物的短文。介绍性文章一般可分为：人物介绍、地点介绍、物品介绍等。常见的人物介绍即自我介绍或人物生平；常见的地点介绍即景点或城市的介绍；常见的物品介绍即书本或产品的介绍。

写作介绍性文章时务必如实地表现描写对象的特点。

2、示例

请你为学校校刊写一篇文章，介绍你生活的城市。（SL）

我眼中的香港

香港是一个国际大都市，也是一个值得游览的**旅游胜地**。这里有各式各样的美食、**包罗万有**的商店，还有**美丽动人**的风景。

香港有"美食天堂"的称誉。这里有来自世界各地的美食，例如越南菜、日本寿司、意大利薄饼、印度咖喱等，应有尽有，**令人回味无穷**。当然，还有驰名中外的蛋挞、菠萝包等地道的香港美食，美味可口，令人一试难忘。

此外，香港也是著名的"购物天堂"。人们不但可以在尖沙咀、铜锣湾等地买到**心仪的**珠宝、钟表等"奢侈品"，也可以到**人山人海**的女人街、庙街等地购买价廉物美的精品，**满载而归**。

而且，香港还有"东方之珠"的美誉。人们不但可以在山顶上看到美丽动人的夜景，也可以在维多利亚港两岸欣赏**闪烁耀眼**的广告霓虹，感受香港这个"动感之都"的活力。

香港，真是一个值得游览的地方。

你已经参观了中国历史博物馆，请为学校校报写一篇介绍这个博物馆的文章。（HL）

中国历史博物馆简介

　　中国历史博物馆是一座**雄伟壮观**的文物殿堂，它的主要任务是收藏国家重要的历史文物，展示我国**悠久**灿烂的历史文明，让人们能够真正了解中国民族的**灿烂**历史，增强民族的自豪感。

　　中国历史博物馆坐落在首都天安门广场东侧，其中央部位和两翼的中部是四层建筑，其余部分为三层建筑。博物馆门口是一道别致的门廊，它由 12 根巨型方柱构成，门廊上挂着一个**闪闪发光**的旗徽。

　　中国历史博物馆每日平均的参观者多达 64,000 余人。游客穿过门廊，就可走进庄严的中央大厅，观赏各种各样的珍贵展品，例如金玉、刻石、兵器、针灸铜人、国际纪念品等，**琳琅满目**，让人**目不暇接**。其中，又以"中国通史基本陈列"最受欢迎。"中国通史陈列"通过 54,000 多件的文物展品，展示了从距今约 170 万年的云南元谋人到 1911 年清朝灭亡为止，我国各历史时期的政治、经济、文化面貌，展现了中华民族团结友爱、共同建设美好家园的努力成果。置身其中，不但能使人感受到中国 5000 年的历史，而且还能了解中国文化的**博大精深**。

　　有一位哲人曾经说过"忘记历史就等于背叛"，中国历史文化是每个中国人应该掌握的基本知识。所以大家到北京的时候，一定不要忘记参观中国历史博物馆！

3、练习（SL 不少于 300 字，HL 不少于 480 字）

1) 最近你读了一本非常有意义的故事书，请写一篇文章，向你的
   同学介绍这本书。（SL）

2) 你最喜欢的作家是谁？请写一篇文章，介绍他/她的背景和着
   作。（SL）

3) 学校学生会要招收一批新成员，你作为学生会主席，想向全校
   同学介绍学生会，请写一篇文章，介绍学生会的历史、任务，
   以及为同学们作出过的贡献。（HL）

4) 假设你刚从外地旅游回来，请写一篇文章，向你的朋友介绍你
   所到的地方，谈谈旅行时的见闻。（HL）

新闻报道

1、什么是新闻报道

一件事情发生后，记者把它客观地报道出来，让读者知道事情的始末，这就是新闻报道。

2、新闻报道的格式

一篇新闻一般包括"标题"和"内容"两部分。标题分主标题和副标题。主标题力求以最少的文字交代清楚事情的大概，给读者一个初步的印象；副标题紧接主标题，进一步点明新闻的重点。新闻内容分导语和主体，导语是新闻的第一自然段，把新闻的重点作概括报道；主体是新闻的内容核心，把事情的内容更广泛地披露出来。

另外，写作新闻稿时一定要客观真实，不可过分渲染或扭曲事实，否则会误导读者。

3、示例

你采访了一位著名歌唱家，请为校报写出这次会面的报道。（SL）

让世界听到中国的声音

——访著名歌唱家刘欢先生

近日，中国著名歌唱家刘欢先生在香港红馆举办了首场个人音乐会。此次音乐会吸引了数万名来自世界各地的听众，刘欢先生在音乐会上演唱了近20首自己多年来的代表作。当刘欢先生演唱奥运会主题曲《我和你》时，更将音乐会的气氛推向高潮。音乐会后，作为学生会校报记者代表，我有幸能与刘欢先生做了一个简短的访谈。

刘欢先生出生于天津的一个教师家庭，早年毕业于国际关系学院的法文系，后因同时获得北京首届高校英语、法语歌曲比赛**冠军**而**声名大噪**。刘欢先生虽然获奖无数，但是他始终**淡泊名利**，一直致力发展高校音乐教育的事业。与其他歌手所不同的是，我在刘欢先生的身上感受到学者的**儒雅**。在谈及奥运会主题曲的演唱时，刘欢先生指出："一首好的歌曲一定会激起全世界人们的共鸣；而一位优秀的歌手，也必然能够将本土的音乐推向全世界"。

受过高等教育又**精通**英语、法语的刘欢先生真正做到了"让世界听到了中国的声音"！

4、练习（SL 不少于 300 字，HL 不少于 480 字）

1) 学校最近举行了运动会，你是校报的记者，试为当日运动会写一篇报道。（SL）

2) 你是校报的记者，刚刚采访了今年的优秀毕业生，请你以此写一篇报道。（SL）

3) 你们就读的年级刚刚举行了一场辩论比赛，你们班获得了第一名，请你以校园记者的身份为校报写一篇报道。（HL）

4) 上个周末，你跟同学一起到医院探望患白血病的儿童，请以此写一篇报道，记叙你们的活动，并号召社会大众都来关爱这些孩童。

（HL）

二、议论文

1、什么是议论文

议论文就是分析问题、论述道理、阐述观点的文章。议论文主要包括评论性的文章、科学技术的专论等。

议论文的三要素是：论点、论据、论证。

- 论点：作者就其议论的事物、道理提出的观点和主张，也是文章的中心思想。论点应该清楚、明白，所以须用上完整的判断句。

- 论据：作者用来证明论点成立的理由和依据。论据应该针对观点，具有说服力。

- 论证：作者使用论据来证明论点的推理过程和方法。论证要严谨、有条理，由始至终地为论点服务。论证的方式主要有两种，第一种是"立论"，从正面论证自己的观点；第二种是"驳论"，先反驳错误的观点，再确立自己的观点。

2、常用的论证方法

- 例证法：列出观点后，举出具体事例或数据证明观点。

- 引证法：引用现成的理论、科学定理、格言警句、名人名言等作为论据直接证明论点。

- 比较法：举性质相对或相关的事例加以比较，从而得出结论。

3、示例

请评论一部最令你感动的电影，并说明理由。（HL）

简评电影《爸爸的爱》

一部能感动人心的电影，必须情节曲折动人，主题明确，而且能发人深思。《爸爸的爱》这部电影不但描写细腻，主题清晰，让人真切地感受到父亲伟大的爱，更能引人深思孝道，所以是一部令人感动的电影。

首先，该电影的情节波澜起伏、角色性格鲜明。故事中的爸爸是一位中学老师，他的妻子在生小孩时不幸去世了，他一个人独自抚养女儿，并给女儿取名为盼盼，希望女儿得到**幸福美满**的生活。但是，好景不常，有一天，女儿被查出患有白血病，医生说这种病是**不治之症**，劝他放弃这个孩子，不过，爸爸却坚持挽救女儿的生命。为了给女儿交医疗费，他耗尽了家中所有的积蓄，于是**日以继夜**地工作，不但在学校里教书，而且还在外面卖矿泉水，所赚取的微薄金钱，才**勉强**够每个月给盼盼输3次血，维持女儿的生命。最后，他为了减轻女儿的痛苦，决定把自己的血输给女儿。可是，由于他长期**疲劳过度**，有一次在上课时摔倒在讲台上而瘫痪了，但坐在轮椅上的他仍然恳求医生给女儿输血。"皇天不负有心人"，爸爸的爱给了盼盼希望，盼盼最终战胜了病魔。由此可见，这部电影的内容起伏有致，角色鲜明，而且赞扬"父爱"的主题亦非常深刻。

此外，这部电影还能引人反思自身的情况。看完电影后，笔者不禁想起自己的父母，他们平日工作那么辛苦，目的只为让我们愉快健康地成长，但我们却视之为**理所当然**，从来没有主动关心过他们。所以，笔者认为，看过这部电影的人大多都会被电影所表现的"父爱"深深感动。

总括而言，《爸爸的爱》这部电影情节曲折，主题鲜明，而且能发人深思，绝对称得上是一部能扣人心弦的优秀电影。

4、练习（SL 不少于 300 字，HL 不少于 480 字）

1) 假设你读过一篇关于环保的文章，请为校报写一篇读后感，说说自己对环保的看法。（SL）

2) 你认为最值得一看的书是哪一本？请谈谈你的看法，并说明原因。（SL）

3) 最近你看了一篇关于青少年学习压力的文章，里面讲述现在的学生课业压力过大，不利于他们的健康成长。请你以此为材料写一篇议论文，说说你自己的看法。（HL）

4) 假设你刚刚观看完校庆的文艺演出，请写一篇文章，评论演出的优劣，并说明理由。（HL）

三、说明文

1、什么是说明文

说明文是以说明为主要表达方式的一种文体。

说明文通常分为三类：

- 事物说明：所说明的对象是具体事物，使读者了解这类事物的特征。

- 事理说明：所说明的对象是抽象事理，使读者明白事情的发展和演变过程。

- 实用性说明：使读者明白某种物品的制作过程和使用方法。

2、常见的说明方法

- 下定义：用准确的语言，简洁地说明事物的本质和特征。

- 分类别：根据事物的性质、功能等分门别类，逐一说明。

- 举例子：举出有代表性的例子，说明事物的本质和特征。

- 列数字：运用实际数据来说明事物的特质。

- 纳引用：引用典籍、名言、谚语、传说等说明事物。

- 作比较：把事物加以比较，显示事物相同或不同之处，或突显事物的性质和特征。

3、示例

你的朋友想做一道中国菜，请你为他/她撰写这道菜的制作过程，说明需要的材料、做法、时间等。（SL）

"肉碎蒸蛋"的制作方法

中国是一个"美食天堂"，每个地方都有独一无二的菜式。我喜欢吃的中国菜有很多，不过，今天我想给你介绍的，是初学者比较容易**掌握**的"肉碎蒸鸡蛋"。

首先，我们要准备好原材料，包括：鲜鸡蛋3个，肉碎200克，葱一根，食用油、酱油、盐和味精**少许**。

接下来，我们就可以将鸡蛋搅拌均匀，然后将肉碎、三分之二的葱花、清水（用量大约是蛋汁两倍），以及**适量**的盐一起搅拌。搅拌至蛋汁产生许多气泡为止。搅拌好之后，就将蛋汁倒进一个大盘子里。值得一提的是，铝制的盘子是最理想的选择，因为蛋汁在铝盘子里的受热情况最好，鸡蛋不但熟得快，而且更嫩滑。然后，我们就可以下锅蒸了。记住，一定要在水煮沸了以后才把鸡蛋放下去，这样可以使蒸好的鸡蛋看起来更美观，吃起来也更嫩滑。大约8-10分钟后就可以出锅了。蒸蛋的时间一定不能太长，不然鸡蛋就会变老而没有那么鲜嫩了。最后，把葱花撒在已经蒸好的鸡蛋上，一道美味可口的"肉碎蒸鸡蛋"就大功告成了。

4、练习（SL 不少于 300 字，HL 不少于 480 字）

1) 请写一篇说明文，介绍你最喜欢的小动物。（SL）

2) 学校正在大力提倡保护环境，请你写一篇说明文，介绍你认为比较可行的环保办法。（SL）

3) 网络为人们的生活带来了很大的变化，但过度上网也会影响身体健康，请写一篇说明文，介绍防止青少年沉迷网络的方法。

（HL）

4) 请以《吸烟有害健康》为题，写一篇说明文，阐释吸烟的危害。

（HL）

四、记叙文

从历年考试的情况来看，记叙文出现的次数并不多，但是我们并不能因此而否定记叙文写作在 IB 考试中的重要性，因为记叙文是所有文体中应用最广，也是最能反映学生写作水准的一种文体。

1、什么是记叙文

记叙文是以记叙、描写为主要表达方式，记叙人、事、景、物的文体。

2、记叙文的写作方法

- 确定中心，写出深意。

我们要善于通过所写的事件表现出深刻隽永的生活哲理，写作时须反复思考，确定文章的中心思想。简言之，我们要善于从普通的小事中写出深意来。

- 须把文章的六要素交代清楚。

只有把记叙的人物、时间、地点、起因、经过、结果这几个方面交代清楚，才能使读者对所叙述的事情，有清楚、全面的了解。

- 言之有序，条理清晰。

按写作需要，选择合理的顺序妥善地安排材料。常见的记叙手法有顺叙、倒叙和插叙三种。

顺叙：按事情发生的先后顺序来记叙事件。

倒叙：先交代事情的结果，然后再按顺叙的方法来记叙事情的起因和发展。

插叙：在记叙的过程中加插一段与中心有关的事件，用以补充、解释或衬托文章的内容。

- 详略得当，突出重点。

一般事件的材料有主次之分，能体现文章中心思想的材料，是主要材料，这部分要详写，次要内容可略写或不写。总之，作品主次分明，便能给予读者深刻的印象。

3、示例

假设今年暑假你去探访了好朋友的家乡，请写一篇记叙文，记述你在旅途中的见闻和感受。（HL）

桂林之旅

今年暑假我去了美宜的家乡桂林，那里风景秀美，给我留下了非常深刻的印象。

我乘坐的巴士在迂回**曲折**的山道上行驶，沿途**风光如画**，景色醉人。山道两边，满是鲜花，花姿万千。我深深地呼吸一口气，感受到青草的新鲜香气。

经过约半小时的车程，我终于到达了目的地。美宜好像早知我的到来，于是**热情地**跑出来迎接我，真是**盛情难却**。她更特地为我准备了几道美味可口的家常小菜：一碗香喷喷的米饭、几道香气扑鼻的佳肴，**洋溢**着浓厚的乡情，味道使人难忘。我们闲话家常，互诉心事，不但增进了我们彼此之间的情谊，更使我对**朴素**的农村生活有了更深刻的理解。**淳厚友善**的乡民使我真正感受到生活的宁静和舒适。

吃过午饭后，美宜带我到竹林参观。这片竹林，密密麻麻，十分壮观。竹子生命力顽强，永远不会向大自然屈服。即使在狂风雷暴中，也依然**屹立不倒**，我想，生命也应该如此，勇于接受每一个挑战，经得起任何考验，永不言败。

在美宜的家乡，我终于**领略**到"**地灵人杰**"这句话的真正意思。那里的新鲜空气、家常小菜和竹林，都使我难忘。如果日后有机会，我一定会再探访美宜的家乡。

4、练习（SL 不少于 300 字，HL 不少于 480 字）

1) 请你以《童年趣事》为题，写一篇记叙文，记述你童年最有趣的一件事情。（SL）

2) 请以《我最快乐的一天》为题，记述让你感到最快乐的一天，并说明原因。（SL）

3) 在你的学习生活中，一定经历了不少考试，请写一篇记叙文，记叙一次令你最难忘的考试，并说明令你难忘的原因。（HL）

4) 假设今天是你爸爸的生日，你和妈妈准备为爸爸举办一场生日派对，请写一篇记叙文，描写准备派对的过程和感受。（HL）

第三节　　口试指导 **Oral**

一、口试技巧指导

第一部分：口头报告

口头报告是全面考察考生口语表达能力的一项考试。考生须在 3-4 分钟的时间，发表一段完整的、有中心意义的报告，因此对考生的要求比较高。要做好口头报告，须注意以下几个要点：

- 仔细阅读材料，根据材料回答问题：所答即所问，是口头报告的最基本的要求。考生在拿到材料后，应该仔细阅读，并谨慎地思考问题。

- 做好报告提纲：由于进行口头报告的 3-4 分钟内，完全由考生个人发挥，为避免语言缺乏逻辑、条理，或出现因紧张而忘记讲辞的情况，建议考生把报告的重点记录下来，作为演说时的提示。

- 报告要条理清晰，内容充实：建议考生可以参考以下组织方法：开头引导语——提出观点——论证观点——结论。在开始报告时，考生应该以简洁清楚的导语引入主题，开门见山地表明自己的观点。 接着，考生应清晰地交代为什么对这个问题感兴趣，并指出讨论这个问题的意义，这是最为重要的一个环节。结尾则可就整篇报告的内容做一个简短的总结，使整个报告听起来结构完整，重点明确。在表达时，要注意关联词语的运用，例如"首先"、"其次"、"再次"、"总而言之"等。

- 语速适中：在表达过程中，宁稍慢而稳，忌急而快，当然，也不能"念稿子"或"闲聊天"，要以演讲的语气，充满自信地表达自己的观点。

- 积累相关的词语和信息：口试的话题通常与生活相关，为了在报告时能有话可说，且言之成理，考生应该在日常生活中，养成勤于思考的好习惯。

第二部分：互动问答和分组讨论

这部分考试的特点是通过互动交流的方式，使谈话更为深入，提供更多的资讯，讨论或证明自己的观点。在这一部分要注意：

- 仔细聆听对方的问题，等提问结束后再开始回答，同时要表现出你很愿意讨论这个题目。如果遇到不懂或不明白的地方，可以谦虚地提出，让对方重复一遍或稍作提示，切忌不懂装懂。

- 多准备一些跟话题有关的资料，以便进行补充或延伸，提出个人见解时，须表达得自然流畅。

- 注意回答的条理，须流畅地解释、描述或说明一件事情，或表达自己的观点，绝不要想到什么就说什么。换言之，考生须于平时养成快速组织事件条理的习惯。

二、专题分类指导

青年问题

1、示例

请你谈谈过度追逐潮流对青少年造成的不良影响 。

> 我认为过度追逐潮流给青少年带来的**负面影响**主要有以下几个方面：
>
> 第一，影响我们青少年的学习成绩。在我身边，有很多朋友都把情感和精力**寄托**在时尚方面，他们热衷于挖掘名人隐私、收藏名人用品，幻想着自己有一天也能一夜成名，却因此而丧失了发奋求学的精神，继而影响学业表现。
>
> 第二，影响我们青少年的价值观和道德修养。如果我们长期过度追逐潮流，不但会影响我们的品格，也会**阻碍**人格发展的独立性。例如，有的女生身材相貌已经很好，但为了追逐潮流，盲目地去做整形、美容，甚至为了得到时尚用品，而做出违法的事情。
>
> 第三，影响我们青少年对祖国的**认同**。不得不承认的是，麦当劳、肯德基、可口可乐、欧美大片等来自西方的商品和文化产物，已经成为青少年日常生活的重要部分，它们的广告**无处不在**，无形中令青少年认同了外来文化的"优越性"而忽视了自己国家的那段悠久灿烂的历史。
>
> 综上所述，过度追逐潮流对我们青少年的成长会产生不良的影响，所以青少年应该用正确、健康的心态去看待潮流。

2、口头报告提纲

1) 过度追逐潮流会带来很多负面影响。

2) 影响青少年的学习成绩。

3) 把情感和精力都寄托在明星上，丧失了发奋求学精神。

4) 影响青少年的价值观和道德修养。

5) 长期过度追逐潮流，会影响品格，阻碍人格发展的独立性。

6) 影响青少年对祖国的认同。

7) 西方商品和文化产物已经成为青少年日常生活的重要部分。

8) 青少年应该用正确、健康的心态去看待时尚。

3、思考题

1) 在你所提到的三个影响中，你认为哪一个影响是最大的？

2) 你身边如果有朋友迷恋明星，你会怎么做？

3) 请给"潮流"下个定义，并举例说明。

4、练习

1) 请谈谈青少年沉迷网络游戏的现象。

2) 你认为应该如何解决青少年沉迷上网的现象？

3) 你认为青少年应该如何抵御毒品的诱惑？

4) 你跟父母的关系怎么样？你觉得应该如何解决代沟的问题？

5) 青少年有没有必要参加社会公益活动？为什么？

6) 请你谈谈对青少年谈恋爱的看法。

7) 你赞成中学生化妆吗？

8) 你认为现在青少年的金钱观是怎么样的？

9) 你认为评价学生好坏的最重要标准是什么？请说明你的理由。

10) 青少年应该努力争取考上名牌大学吗？

社会问题

1、示例

你是怎样看待盗版现象的？你会因为盗版的东西便宜而购买吗？

> 我认为现今盗版的存在，会对社会的道德和法律造成严重破坏。或许，有人会说，盗版的存在，使书籍和光碟的价钱大大降低，让大多数人都能够获取知识，从而对文化的**传播**起到非常重要的作用。尽管如此，我还是想强调：盗版弊大于利。
>
> 首先，盗版通过复制的手段，以极低的成本，**窃取**创作者的作品来从中牟利。他们这种行为是非法的，极不尊重创作者的辛苦创作，理应受到法律的制裁。
>
> 其次，盗版产品往往没有好的质量**保证**，很容易使消费者蒙受损失。一些盗版的书籍印刷质量参差，错误百出，不仅没能起到传播文化的作用，反而可能**误导**学生，影响学生的成绩。
>
> 再次，消费者购买和使用盗版产品，也是不道德的行为，有损国家和社会的形象。试想，如果盗版产品继续**泛滥**下去的话，"中国制造"将会成为盗版的**代名词**。那个时候，全世界的人们便不再相信中国产品，亦不再购买中国产品，中国的产品将会失去全世界人们的信任，失去整个世界的市场。
>
> 所以，盗版是非常严重的社会问题，我们应该认真地关注。总之，作为一个有公德心的人，我会支持购买正版，因为这既是对创作者的尊重，也是**维护**良好市场环境的方法。

2、口头报告提纲

1) 现今盗版现象日益严重，从书籍到电影，盗版的东西无处不在。

2) 盗版的存在严重破坏社会道德和法律制度。

3) 有人认为盗版的存在对文化的传播起到一定的作用。

4) 我认为，盗版的存在弊大于利。

5) 盗版是不尊重创作者辛苦创作的表现，所以应受到法律的制裁。

6) 盗版产品往往没有良好的质量保证。

7) 消费者购买和使用盗版产品是不道德的行为。

8) 盗版是非常严重的社会问题，我们应该认真地关注。

9) 我会支持购买正版。

3、思考题

1) 如果你急需用一本书，但这本书只有盗版的售卖，你会怎么办？

2) 如果你发现有人在卖盗版光碟，你会怎么做？

3) 你认为要遏制盗版现象，政府应该做什么？

4、练习

1) 在经济危机的影响下，出现了哪些社会问题？

2) 现在社会上有哪些现象你觉得不应该存在，为什么？

3) 你如何定义"贡献社会"一词？你会怎样贡献社会？

4) 你认为现在社会上还存在性别歧视吗？

5) 如何促进社会对弱势群体的帮助？

6) 政府应该怎样改善城市的交通网络和道路安全的问题？

7) 现今在公共场所吸烟的人多吗？政府应该实施哪些禁烟措施？

8) 你如何看待同性恋问题？

9) 你如何看待青少年吸毒的问题？

10) 现在出国留学已经成为一种趋势，请你谈谈对出国留学的看法。

全球问题

1、示例

自然环境的破坏对人类的生存和发展产生了哪些负面的影响？

近一个世纪以来，人类对自然环境的破坏可以说是**无日无之**，自然环境的破坏严重影响了人类的生存和发展。我将从大气污染、水质污染和水土流失三方面来论述我的观点。

首先，我想谈谈大气污染对人类的影响 。大气污染主要表现为"温室效应"和臭氧层的破坏。温室效应使全球气温**飙升**，破坏了地球原有的生态环境。臭氧层是地球的保护膜，如果臭氧层遭到破坏就不能**阻挡**来自太阳的紫外线，因此人类也就更容易患上皮肤癌。

其次是水质污染。人们说水是生命之源，可见，水质受污染的**严重性**。它不仅会影响植物的生长，水生动物的生长，还会导致各种疾病的发生。如果没有干净的饮用水，人们的日常生活就会受到严重的影响，甚至有可能根本不能过上正常的生活。

再次是水土流失问题。人类对土地的开发直接破坏了土地的资源，这主要表现为因不合理**开垦**而引起的水土流失、土地沙漠化及土壤污染等。水土流失带来的直接**后果**是使全球耕地的面积减少，破坏了农作物的生长环境。

其实，自然环境的破坏还有很多不利的影响，所以，我们应该保护环境，让人类与自然**和谐**相处。

2、口头报告提纲

1) 自然环境的破坏严重影响了人类的生存和发展。

2) 大气污染主要表现为"温室效应"和臭氧层的破坏。

3) 温室效应使全球气温飙升。

4) 臭氧层的破坏使人们更加容易患上皮肤癌。

5) 水质污染会影响动植物的生长，导致各种疾病的发生。

6) 水土流失使全球耕地面积减少，破坏了农作物的生长环境。

7) 我们应该保护环境，让人类与自然和谐相处。

3、思考题

1) 你认为人类应该采取哪些保护环境的措施？

2) 你认为保护环境最好的方法是什么？

3) 如果你是环保志愿者，会怎样为环保作出贡献？

4、练习

1) 现在世界上有哪些环境问题？

2) 请谈谈全球暖化的原因及解决措施。

3) 你认为金融危机会给全世界带来什么影响？

4) 国际组织和各个国家应该怎样缩小贫富差距？

5) 你是如何理解"地球村"这个词语的？

6) 随着中国经济的发展和国际地位的提高，世界各地都掀起了学习汉语的热潮，你怎么看待"汉语热"的现象？

7) 请你谈谈汉语在当今国际交流中的重要性？

8) 中文应该成为世界语言吗？

9) 奥运会已经成为全世界的共同盛事，请谈谈对奥运会的理解，你认为奥运会的真正意义是什么？

10) 中国在国际金融贸易中有什么重要的作用？

中国文化问题

1、示例

你最喜欢的中国节日是哪一个？为什么？

我最喜欢的中国节日是春节，因为春节是中华民族传统的节日，到处洋溢着一片喜庆的气氛！家家户户都**张灯结彩**，门前贴着春联，阳台挂着红灯，人们穿着节日的盛装，打扮得漂漂亮亮的。在这一天，家人能团聚在一起，吃年夜饭、放烟花……到处充满了**欢声笑语**。

每年"年三十"的晚上，表弟、外公、外婆都会来我家过年，爸爸会烧几道拿手好菜，还会买许多烟花。年夜饭开始的时候，桌上的菜肴非常**丰盛**，我会**狼吞虎咽**大吃一顿。我的表弟每次也都吃得**津津有味**。吃完饭后，我和表弟便一起回房间里看电视。不过，要说到最让我们期盼的就是大人们吃过饭后给小孩发红包的时刻了。外公、外婆都会给我们一个大红包。表弟每次都会不停地叫道："发财啦！发财啦！"

接下来就是放烟花了。劈劈啪啪，红色的烟花染红了天边，紧接着彩色的烟花也**腾空而起**，天空顿时就像白昼一样，到处充满了欢乐的气氛。

我喜欢这个节日，因为这个节日，我不仅能玩得开心，还能和久别的亲人团聚。

2、口头报告提纲

1)　春节是中华民族传统的节日，到处洋溢着一派喜庆的气氛。

2)　每年"年三十"的晚上，表弟、外公、外婆都会来我家过年。

3)　年夜饭很丰盛。我和表弟都吃得津津有味。

4)　我最期盼的时刻，是大人们吃过饭后给小孩发红包。

5)　放烟花是最美丽的时刻。

6)　这个节日，我不仅能玩得开心，还能和久别的亲人团聚。

3、思考题

1)　你觉得中国的春节跟西方的圣诞节最大的分别是什么？

2)　对于中国人来说，过节最重要的事情是什么？

3)　如果你在外地读书，春节时不能回家跟家人团聚，你会怎么办？

4、练习

1) 你认为中西文化最大的差异在哪里？

2) 你认为中国的传统文化会不会被西方流行文化所取代？

3) 怎样才能有效地推广中国的传统文化？

4) 你认为应该怎样跟不同国籍和文化背景的人交往？

5) 介绍一个你所知道的中国民间传说或神话。

6) 介绍一首你喜欢的中国古诗。

7) 你认为写简体汉字好还是繁体汉字好？为什么？

8) 请你谈谈传统文化对现代生活的影响。

9) 有人认为，现在人们的生活水准提高了，新年的气氛却不如以

前那么浓厚了，请谈谈你的看法。

10) 请你谈谈"龙"的形象在中国文化中的特殊地位。

现代科技问题

1、示例

谈谈网络时代对你生活的影响。

> 随着科技的不断发展，网络渐渐融入了我们的生活，可以说它已经改变了我们的生活，我将从以下几个方面来谈谈网络对我们生活的影响 。
>
> 首先，上网对学习非常有帮助。我不但能利用网络和同学聊天，也能够谈作业，传资料，这样，即使不用聚在一起，也可以集体合作，完成**各式各样**的作业。
>
> 其次，网络也具有娱乐功能。网络上的游戏可以说是**数不胜数**，各式各样的游戏可以让我玩个痛快，当然我对游戏并不感沉迷，只是**偶尔**玩玩。值得一提的是，在网上我还可以听流行歌曲，看电影或电视剧。
>
> 再次，网络可以帮助我们获取很多资讯。每次点击不同的网站，都会有不同的新发现，任何问题都会得到解答。**浏览**网络上的时事、资讯就等于游遍了全球的各个角落，国事、天下事在**转瞬间**便**映入眼帘**，让我们真正地做到了"秀才不出门，能知天下事"。
>
> 另外，用网络沟通非常方便。以前寄出一封信要很长时间，有了电子邮箱后，通讯已变得方便快捷。网上还有各种聊天工具，可以让我们随时跟家人朋友聊天，有的还是免费的，既便宜又省钱。
>
> 总而言之，网络对我们生活的影响是全面的，从思想到感情，从生活到学习，无处不在。让我们更加**珍惜**网络时代带来的机会，让我们的生活因网络而变得更加精彩。

2、口头报告提纲

1) 我主要利用网络和同学聊天，谈作业，传资料。

2) 上网可以玩游戏。

3) 上网可以听流行歌曲、看电视或电影。

4) 上网可以了解国内外新闻。

5) 上网发电子邮件，方便快捷。

6) 网络聊天工具既便宜又省钱。

7) 珍惜网络时代带来的机会，让生活因网络而变得更加精彩。

3、思考题

1) 你在上网的过程中有没有碰到过什么问题?你是如何解决这些问题的？

2) 谈谈你对网络游戏的看法。

3) 试举一个你跟同学利用网络来学习、交流的例子。

4、练习

1) 现代科技给教学带来了什么样的影响？

2) 请你举一个例子，说明科技的发展给人们生活带来的变化。

3) 请你谈谈科技进步与环境问题的关系。

4) 你认为衡量一个国家科技发展的水准最重要标准是什么？

5) 你赞成中学生在校园里使用手机吗？

6) 网上交友应该注意什么问题？

7) 谈谈网上购物的利弊。

8) 如何看待"网络语言"的影响？

9) 请谈谈网络与版权的问题，你是否赞成免费下载？

10) 如果你是科学家，你最想发明什么东西？

娱乐问题

1、示例

说说你最喜欢的娱乐活动。

> 我的爱好有很多，像下棋、看书等，它们让我的生活变得丰富多彩，不过我最喜欢的娱乐活动还是骑马。因为我觉得骑马有其独特的**魅力**。
>
> 首先，骑马能**愉悦身心**，在马背上**驰骋**能提升人的自信，增强对复杂环境的应变能力，从而获得极强的**成就感**。
>
> 其次，骑马还是最好的健美运动。在骑马运动中，你的注意力能高度集中，全身所有骨骼和肌肉都处于运动状态，可以消耗脂肪，强健肌肉。骑马半小时所消耗的能量，相当于打一场激烈的篮球赛，对于保持体形有很好的作用。
>
> 第三，骑马是一年四季都**适宜的**运动，对气候条件的要求并不高。除此之外，骑马还能治疗各种各样的疾病，如失眠、**神经衰弱**等。所以，长期骑马的人，大都年轻**开朗**、身体强壮、身形挺拔、**精力充沛**、肌肉发达健美。
>
> 我觉得骑马是一项可以使胆小的人坚强、使**浮躁的**人安静的运动。总而言之，策马扬鞭对于一个久居都市的人来说，是非常难得的体验。

2、口头报告提纲

1) 骑马有其独特的魅力。

2) 骑马能提升人的自信，愉悦身心。

3) 骑马是最好的健美运动。

4) 骑马能治疗各种各样的疾病。

5) 骑马对于久居都市的人来说，是非常难得的体验。

3、思考题

1) 你从何时开始接触骑马运动的？从什么途径接触到的？

2) 你在学习骑马的过程中遇到的最大困难是什么？

3) 你觉得骑马跟别的运动相比，最大的分别是什么？

4、练习

1) 广告在现代生活中有什么影响力？

2) 你认为应该请明星作为广告代言人吗？

3) 你对青少年崇拜偶像的现象有什么看法？

4) 你如何看待选秀节目？

5) 你会关注娱乐新闻吗？为什么？

6) 你会如何处理好娱乐与学习的关系？

7) 你认为哪些娱乐活动是有益身心的？

8) 你认为玩电脑游戏是否是一种好的娱乐方式？

9) 介绍一部你最喜欢的电影。

10) 介绍一位你最喜欢的明星。

旅游问题

1、示例

介绍一个香港著名的景点。

说到香港的旅游景点，很多人首先想到的都是现代化的维港、童话般的迪士尼，或者刺激好玩的海洋公园。不过今天我要给大家介绍的，却是一个不一样的香港，它远离都市的**喧嚣**，环境宁静而美丽，这就是赤柱。

赤柱位于香港岛的南部，离中环 20 公里。过去曾是个**人烟稀少**的小村庄，甚至还有老虎出没。现在这里已成为外国人与香港富商的住处，各种豪华的建筑不断出现。赤柱最有名的就是集市了。这里的市场人气很旺，不单吸引外地游客，很多本地人也经常**光顾**这里。你可以在这里买到丝质衣服、运动衣及牛仔裤，当中更有很多为外国人设计的加大码衣服，除此之外，售卖古玩和纪念品也是集市的一大特色。

从赤柱的村里步行到海滩需时 25 分钟。海滩附近那些充满欧陆**风情**的酒吧、餐馆和咖啡屋，成为了游人一边喝酒谈天，一边欣赏**怡人**海景的最佳去处，是个消闲的好地方。

如果有机会，我建议你亲自到赤柱看看，去体会一下这种与众不同的香港风情。

2、口头报告提纲

1)　赤柱有远离都市的宁静和不一样的风景。

2)　赤柱曾是个人烟稀少的小村庄。

3)　现今已成为外国人与香港富商的住处。

4)　赤柱最有名的是集市，商品非常丰富。

5)　市场人气很旺，有很多人都会来这里购物。

6)　海滩附近有充满欧陆风情的酒吧、餐馆和咖啡屋。

7)　建议大家有机会去赤柱看看。

3、思考题

1)　你喜欢生活在赤柱这样的地方吗？为什么？

2)　你认为怎样的地方最能代表香港的特色？

3)　赤柱这样的地方越来越有商业气息，是好事还是坏事？

4、练习

1) 介绍一座令你印象最深刻的城市。

2) 介绍一次令你最难忘的旅行。

3) 旅行的好处是什么？

4) 出国旅游应该注意什么？

5) 你喜欢自助旅游还是跟团旅游？

6) 你同意把大学作为旅游景点吗？

7) 你有购买旅游纪念品的习惯吗？

8) 如果你是本地旅游局的官员，你会怎样宣传你所住的城市？

9) 谈谈你对生态旅游的看法。

10) 你认为旅游业的发展会对环境造成破坏吗？为什么？

IB Chinese B Mock Exam

IB 中文 B 级模拟试题

STANDARD LEVEL
PAPER ONE
普通程度 试卷一

BLANK PAGE

IB Chinese B Mock Exam

IB 中文 B 级模拟试题

STANDARD LEVEL

PAPER ONE

普通程度 试卷一

Time: 1h30m

阅读部分

BLANK PAGE

第一部分

《文章一》　　读书与写作

（第一段）　　人究竟为什么而读书？读书到底有什么作用？

（第二段）　　有人说读书是为了获取知识，也有人说读书是为了改变命运，还有人说读书是为了报效祖国，各人有各人的见解。

（第三段）　　无论如何，读书对于人来说，就像吃饭喝水一样不可缺少，我们可以从书中汲取无尽的精神力量。同时，读书也要像吃饭那样，吃各种蔬果和五谷杂粮，摄取多种营养，所以必须阅读各式各样的书，摄取各种各样的营养，以补充先天不足，避免后天失调。不过，青少年不仅要大量读书，还要有目标、有选择地读书，要汲取精华，剔除糟粕，读天下好书。

（第四段）　　如果说读书是输入，那么写作则是输出。读书可以使人感受到文化气息，提高写作技巧。读书少的人，器小力薄，容易被书本箝制思想，成为死读书的"两脚书橱"，作文时就会力不从心；读书多的人，学养丰富，善于融会贯通，作文时自然就会得心应手。

（第五段）　　人虽然有先天禀赋、气质上的差异，然而，读书可以"补先天的不足"。读书不足，积累不够，就像游泳的人不会换气一样，游不了多久就会蹬小腿儿，翻白眼儿了。总之，真正的文章好手，必然是读书多的人。

《文章二》　　青少年追逐潮流的心理原因分析

（第一段）　　追逐潮流已成为社会流行文化的普遍现象，并已渗透到青少年生活的各方面，从而深刻地影响着青少年的思想和行为。青少年追逐潮流的心理原因主要有以下几个方面：

（第二段）　　首先是好奇心理。新奇是潮流文化的显著特点之一。青少年对新奇的事物特别敏感，**例** 社会上出现流行的新奇事物，他们的好奇心就会被激发。在好奇心的驱使下，他们会对流行事物趋之若鹜，以满足自己好奇求新的心理。

（第三段）　　其次是从众心理。青少年 <u>15</u> 还未形成独立的人格，理性思维的发展也不健全，<u>16</u> 特别容易产生从众的心理和行为。当一种潮流在青少年中流行时，会给群体中的部分成员带来极大的心理压力。在这种心理压力驱使下，他们便会不由自主地追逐潮流，以与大家的形象保持一致，<u>17</u> 使自己在心理上产生安全感。换言之，从众的心理压力导致青少年追逐潮流。

（第四段）　　再次是表达自我的心理。青少年通过追逐潮流，可以发泄压抑的情绪，放松紧张的神经。追逐潮流也是青少年寻求朋辈认同的手段。在追逐潮流过程中，他们寻找彼此之间的共同点，藉此交流心得，表达见解。<u>18</u>，青少年购买某些新潮的商品，往往也是为了标榜自己的身份，表达自己的个性，通过消费获取自尊、自足的感受。

《文章三》　　不同人种的头发

（第一段）　欧洲人不仅相貌与亚洲人不一样，他们头发的颜色也和亚洲人不一样。那么，是什么原因导致不同人种头发颜色有所不同呢？

（第二段）　原来，人的头发中含有许多成分，除了有角质蛋白、脂肪和少量的水以外，还有十多种微量元素。不同人种头发中所含的物质不同，所以头发的颜色也自然就不一样了。　*trace elements.*

copper

（第三段）　亚洲人大部分都拥有黑色的头发。这是因为他们的头发里含有铜和铁，而且这两种物质的含量相同，所以亚洲人的头发呈自然的黑色。大多数欧洲人的头发是金色的，因为他们的头发中含有很多钛，人们亦因此而常用"金发碧眼"来形容欧洲的女人。但生活在美洲的印第安人土著，头发却是红褐色的，这是因为他们的头发中含有很多的钼。如果头发中含有铜、铁和钴相对多一点的话，头发便会呈红棕色。

第二部分

《文章四》　　西藏高原

西藏高原山河壮丽，资源丰富，是个美丽的地方。

西藏高原的平均高度在海拔 4000 米以上。那里有无数的高山，其中，珠穆朗玛峰海拔近 9000 米，是世界第一高峰。只要不下雨，不下雪，高原上的天空总是蔚蓝的。那光洁的蓝天，像琢磨得光滑的蓝宝石，又像编织得很精致的蓝缎子。看上去它好像距离很远，但是似远还近，仿佛只要一举手就可以触摸到。

高原上不但有许多高山，而且还有许多湖泊。有的湖泊大得像海一样，一眼望不到边际。湖的近处是墨绿色的丛林，远处是终年积雪的山峰，这一切倒映在清澈的湖水里，构成了一幅美丽的图画。

高原有很多森林资源。据估计，光是波密地区的森林就有 55 万亩，当中有些树的年龄已经有几千年了。大树品种繁多，有的树直径有 3 米，用这么粗的树干所制成的木船，一艘船可以载 30-40 人。

西藏高原有广阔的草原，丰富的牧草，非常适合发展畜牧业；也有土地肥沃的平原，适合发展农业。

此外，西藏高原还有许多特产，而且矿产资源也很丰富。

现在，西藏人民正努力建设新西藏，令高原呈现出一派欣欣向荣的新气象。

第一部分

《文章一》——《读书与写作》

根据《文章一》的内容，从下面选出正确的三个句子。把答案填在方框里。

A、虽然每个人对于读书有不同的见解，

但大多数人是为了升官发财。

B、阅读各式各样的书可补充"先天的不足"。

C、我们应该大量读书，读尽天下所有的书。

D、读书是输入，写作是输出。

E、读书应该选其精华，去其糟粕。

F、真正写文章的高手都是先天禀赋很优秀的人。

G、读书不足，积累不够，游泳的时候就会有危险。

1、☐

2、☐

3、☐

根据《文章一》的内容，从右边的选项中找出最接近左边辞汇意思的一项。把答案写在方框里。第一个是例子。（注意：只需要右边的三个辞汇。）

例：获取（第二段）　　　　　　　| **G** |

4、见解（第二段）　　　　　　　□

5、糟粕（第三段）　　　　　　　□

6、禀赋（第五段）　　　　　　　□

A、解释

B、很好的东西

C、看法

D、才能

E、非常不好的东西

F、知识

G、*得到*

根据第四、五段的内容，回答下面的问题。

7、根据第四段，读书少的人会怎么样？

_____

8、根据第五段，真正会写文章的人是怎样的人？

_____

《文章二》——青少年追逐潮流的心理原因分析

下面的句子可能是对的，也可能是错的，请用（√）回答"对"或"错"，并用文章里的相关内容说明理由，必须两个答案都正确才能得一分。

以下是例子。

例：潮流对青少年生活有很大的影响。

对 ☐ √ ☐ 错 ☐

*理由：**潮流已经渗透到青少年生活的各方面，深刻地影响着青少年的思想和行为。***

9、新奇是潮流文化的特点。

对 ☐ 错 ☐

理由：＿＿＿＿＿＿＿＿＿＿＿＿＿＿＿＿＿＿＿＿＿＿＿

10、青年人自身发育的不健全，导致了他们对潮流的追逐。

对 ☐ 错 ☐

理由：＿＿＿＿＿＿＿＿＿＿＿＿＿＿＿＿＿＿＿＿＿＿＿

11、在追逐潮流的过程中，青少年之间会形成攀比和不良竞争。

对 ☐ 错 ☐

理由：＿＿＿＿＿＿＿＿＿＿＿＿＿＿＿＿＿＿＿＿＿＿＿

根据《文章二》内容，从下面选出最合适的答案。把答案写在方框里。

12、根据第三段，青少年

A、理性思维的发展已经比较成熟。
B、特别容易产生从众的心理和行为。
C、不喜欢与别人保持一致形象。
D、需要心理上的安全感。

13、根据第四段，追逐潮流

A、是青年人表现自己与众不同的方式。
B、会产生紧张的心理。
C、是寻求朋辈认同的手段。
D、会使青年人产生自卑的心理。

14、根据文章内容，青年人追逐潮流的心理主要是

A、好奇心理。
B、从众心理。
C、表达自我的心理。
D、以上三项都是。

阅读《文章二》，从下面的方框里选出合适的辞汇填空。第一个是例子。

不仅	从此	虽然	从而
因此	此外	**每当**	

例：*每当*

15、_____

16、_____

17、_____

18、_____

《文章三》——不同人种的头发

根据《文章三》内容，从下面选出最合适的答案。把答案写在方框里。

19、这篇文章是

A、介绍亚洲人的头发。
B、说明为什么不同人种头发的颜色不一样。
C、介绍不同人种的不同颜色的头发。
D、让大家要爱护自己的头发。

20、根据第二段，人的头发

A、由角质蛋白、脂肪和水三种元素组成。
B、呈黑色是因为当中铜的含量超过了铁的含量。
C、呈金色是因为含少量钛。
D、颜色与它的所含物质有关。

21、根据第三段，欧洲人

A、是最美丽的人种。
B、头发多数是金色的。
C、头发是红褐色的。
D、头发中含有很多铁。

根据第二段，回答下列问题。

22、为什么亚洲人的头发大部分是黑色的？

_____

23、红棕色头发中哪些元素的含量相对较多？

_____

根据《文章三》内容，从右边的选项中找出最合适的结尾来完成左边的短句。第一个是例子。（注：右边的句尾比需要的多。）

句首		句尾
例：人的头发，	**F**	A、因为传统不一样。
		B、是黑色的。
24、欧洲人头发的颜色与 亚洲人不一样		C、含很多铁。
		D、是由于不同人种头发中所含 的物质不同。
25、美洲印第安人的头发		E、含很多钼。
		F、含有很多元素。
26、金发碧眼，		G、是人们常用来形容欧洲女人 的词语。

第二部分

《文章四》——西藏高原

用文章里合适的部分完成下面的习题。至少写 120 个字，请不要大段抄写。

你刚刚看到了一则西藏旅游的广告，希望能跟朋友一起去那里旅游。请给你的朋友写一封信，告诉他/她西藏有什么景点，邀请他/她跟你一起到西藏旅游。

IB 中文 B 级模拟试题

STANDARD LEVEL
PAPER ONE

普通程度 试卷一

Time: 1h30m

写作部分

BLANK PAGE

从下面四个题目中选一题，至少写 300 个字。

1、你的外国朋友想找一本学习汉语的参考书，请你写一篇介绍性的文章，告诉他/她该书的内容、特点、价格等。

2、你刚刚参加了一项慈善活动，请写一篇日记，谈谈自己的感受。

3、你作为学生代表要在学校运动会的开幕式上发言，请写一篇演讲稿，谈谈体育运动的好处。

4、你的同学小梅在学校中文演讲比赛中获得了第一名，请据此给校报写一篇报道。

BLANK PAGE

IB Chinese B Mock Exam

MARKSCHEME

IB 中文 B 级模拟试题评分标准

STANDARD LEVEL
PAPER ONE
普通程度　试卷一

BLANK PAGE

第一部分

《文章一》——《读书与写作》

根据《文章一》的内容，从下面选出正确的三个句子。把答案填在方框里。

（本题三分）

A、虽然每个人对于读书有不同的见解，

　　但大多数人是为了升官发财。

B、阅读各式各样的书可补充"先天的不足"。

C、我们应该大量读书，读尽天下所有的书。

D、读书是输入，写作是输出。

E、读书应该选其精华，去其糟粕。

F、真正写文章的高手都是先天禀赋很优秀的人。

G、读书不足，积累不够，游泳的时候就会有危险。

1、 **B**

2、 **D**

3、 **E**

根据《文章一》的内容，从右边的选项中找出最接近左边辞汇意思的一项。把答案写在方框里。（注意：只需要右边的三个辞汇。） （本题三分）

第一个是例子。

例：获取（第二段） 　　G

4、见解（第二段） 　　C

5、糟粕（第三段） 　　E

6、禀赋（第五段） 　　D

A、解释

B、很好的东西

C、看法

D、才能

E、非常不好的东西

F、知识

G、得到

根据第四、五段的内容，回答下面的问题。 （本题四分）

7、根据第四段，读书少的人会怎么样？

<u>读书少的人，器小力薄，容易被书本箝制思想，成为死读书的"两脚书厨"，</u>

<u>写作文时就会力不从心。</u>

8、根据第五段，真正会写文章的人是怎样的人？

<u>真正的文章好手，必然是读书多的人。</u>

文章一：[10 分]

《文章二》——青少年追逐潮流的心理原因分析

下面的句子可能是对的，也可能是错的，请用（√）回答"对"或"错"，并用文章里的相关内容说明理由，必须两个答案都正确才能得一分。 （本题三分）

以下是例子。

例：潮流对青少年生活有很大的影响。

对 ☑ 错 ☐

理由：潮流已经渗透到青少年生活的各方面，深刻地影响着青少年的思想和行为。

9、新奇是潮流文化的特点。

对 ☑ 错 ☐

理由：新奇是潮流文化的显著特点之一。

10、青年人自身发育的不健全导致了他们对潮流的追逐。

对 ☐ 错 ☑

理由：在好奇心的驱使下，他们会对流行事物趋之若鹜，以满足自己好奇求新的心理。

11、在追逐潮流的过程中，青年人之间会形成攀比和不良竞争。

对 ☐ 错 ☑

理由：在追逐潮流过程中，他们寻找彼此之间的共同点，藉此交流心得，表达见解。

根据《文章二》内容，从下面选出最合适的答案。把答案写在方框里。（本题三分）

12、根据第三段，青少年

A、理性思维的发展已经比较成熟。
B、特别容易产生从众的心理和行为。
C、不喜欢与别人保持一致形象。
D、需要心理上的安全感。

B

13、根据第四段，追逐潮流

A、是青年人表现自己与众不同的方式。
B、会产生紧张的心理。
C、是寻求朋辈认同的手段。
D、会使青年人产生自卑的心理。

C

14、根据文章内容，青年人追逐潮流的心理主要是

A、好奇心理。
B、从众心理。
C、表达自我的心理。
D、以上三项都是。

D

阅读《文章二》，从下面的方框里选出合适的辞汇填空。　　　*（本题四分）*

第一个是例子。

不仅	从此	虽然	从而
因此	此外	**每当**	

例： <u>每当</u>

15、<u>不仅</u>

16、<u>因此</u>

17、<u>从而</u>

18、<u>此外</u>

文章二：［10分］

《文章三》——不同人种的头发

根据《文章三》内容，从下面选出最合适的答案。把答案写在方框里。（本题三分）

19、这篇文章是

A、介绍亚洲人的头发。

B、说明为什么不同人种头发的颜色不一样。

C、介绍不同人种的不同颜色的头发。

D、让大家要爱护自己的头发。

B

20、根据第二段，人的头发

A、由角质蛋白、脂肪和水三种元素组成。

B、呈黑色是因为当中铜的含量超过了铁的含量。

C、呈金色是因为含少量钛。

D、颜色与它的所含物质有关。

D

21、根据第三段，欧洲人

A、是最美丽的人种。

B、头发多数是金色的。

C、头发是红褐色的。

D、头发中含有很多铁。

B

根据第二段，回答下列问题。 （*本题四分*）

22、为什么亚洲人的头发大部分是黑色的？

因为亚洲人的头发里有铜和铁，而且这两种物质的含量相同。

23、红棕色头发中哪些元素的含量相对较多？

铜、铁、钴

根据《文章三》内容，从右边的选项中找出最合适的结尾来完成左边的短句。

（注：右边的句尾比需要的多。） （*本题三分*）

第一个是例子。

句首		句尾
例：人的头发，	**F**	A、因为传统不一样。
		B、是黑色的。
24、欧洲人头发的颜色与亚洲人不一样，	**D**	C、含很多铁。
		D、是由于不同人种头发中所含的物质不同。
25、美洲印第安人的头发	**E**	E、含很多钼。
		F、含有很多元素。
26、金发碧眼，	**G**	G、是人们常用来形容欧洲女人的词语。

文章三：[10 分]

第一部分總分：[30 分]

第二部分

《文章四》——西藏高原

沟通目的：非正式的书面交流

一、文化沟通：

这次的写作目的是以书信形式与朋友沟通，所以写作时应用第一人称，非正式语气，而且必须遵守一般书信的基本格式。考生必须清晰地表达出邀请朋友的诚意，并根据文章的内容详细地介绍西藏的特色，写作重点必须强调文章里西藏景色的特点。

二、表达内容：

应以内容的合适度与全篇语意的通顺性来评断书写的内容是否抄袭，而非以抄袭的内容长短来评断。作者应选择以下的部分内容：

- 西藏山河壮丽，资源丰富。
- 珠穆朗玛峰是世界最高的山峰。
- 西藏高原的天空很蓝，非常美丽。
- 西藏高原的湖泊像大海一样。
- 高原的森林资源丰富。
- 西藏高原有很多特产。
- 西藏高原的矿产也很丰富。
- 现在的西藏呈现出一片欣欣向荣的新气象。
- 西藏非常值得游玩。

> 要达到 5 级标准（即对原文有大体的理解），必须包括以上至少 4 项内容；要达到 9 级标准（即对原文有彻底的理解），必须包括至少 7 项内容。

文章四：[10 分]

总分：40 分

IB Chinese B Mock Exam

IB 中文 B 级模拟试题

STANDARD LEVEL
PAPER TWO
普通程度 试卷二

BLANK PAGE

IB Chinese B Mock Exam

IB 中文 B 级模拟试题

STANDARD LEVEL
PAPER TWO

普通程度 试卷二

Time: 1h30m

阅读部分

BLANK PAGE

第一部分

(handwritten: 公元 AD / 公元前 B.C.)

《文章一》　　奥运项目"马拉松赛跑"的由来

（第一段）　"马拉松赛跑"目前可谓是一项众所周知的奥运会比赛项目了。为什么这个项目叫"马拉松"呢？这种赛跑的比赛距离为什么是42195米呢？这还得从一场发生在公元前490年9月12日的战役说起。 *(handwritten: B.C.)*

（第二段）　这场战役是波斯人和雅典人在距离雅典不远的马拉松海边发生的，最 *(handwritten: Athens)* 后，雅典人取得了胜利。雅典统帅为了让故乡人民第一时间知道胜利的喜讯，就派一个叫斐迪辟的士兵回去报信。斐迪辟是个有名的"飞毛腿"。战争开始之前，他送信到一个叫斯巴达的城邦去请求支援，240公里的路程，他只用两天两夜的时间就跑到了。这次回雅典送捷报，路程不算长，只有42公里多一点，他为了让故乡人民早一点知道好消息，便一个劲儿地快跑。上次送信回来，他没时间很好地休息，这次又跑得这么快，身体负荷过重，所以当他跑到雅典的时候，已经喘不上气来，只说了一句"我们胜利了"，就倒在地上死去了。

（第三段）　后来，人们为了纪念这件事，就在1896年举行的现代第一届奥林匹克运动会上设立了马拉松赛跑这个项目，把当年斐迪辟送信的距离，也就是42195米作为赛跑的距离。

《文章二》　　父亲的爱

（第一段）　　我的父亲是一位农民。<u>16</u> 他的相貌平凡无奇，普通得一走进人群，就再也辨认不出他了，***例*** 他却用一种特殊的方式，使我感受到他无微不至的爱。

（第二段）　　那是我刚考上市内中学的时候。父亲送我去上学，虽然路并不远，但是父亲却执意要送，我只好同意。 路上，烈日当空。"好热！"我望了望父亲，他的脸是紫铜色的；眼睛里布满了血丝；稀稀落落的头发紧贴在头皮上。"萍儿，歇会儿吧！"父亲说着，从口袋里掏出两个鸡蛋塞给我。我接过鸡蛋，找了个阴凉处，吃了起来。可是我却发现父亲在离我不远的地方吃着一个马铃薯。我突然觉得好感动，父亲每天辛辛苦苦，<u>17</u> 忙外面的工作，又要照顾长年生病的母亲，眼看着周围的邻居都富裕起来，而他为了供我们兄妹上学，为了让我们吃好穿好，<u>18</u> 这样苦着自己……我心里涩涩的，说不出一句话。

（第三段）　　送我到学校后，父亲就回去了。临走前，他从口袋里摸出几张皱巴巴的钞票，塞到我手里。我看到了父亲那双粗糙的大手，青藤似的血管，竹枝似的干枯的手指。粗心的我，竟从来没有发现！我忍不住流下了眼泪……父亲是一个老实的农民，话不多，也没有教给我什么深刻的道理，但他给予我的，却是这般广阔无边，这般深沉细腻的爱。

（第四段）　　父亲，您放心吧！您的爱，我懂。

《文章三》　　　新能源的开发

（第一段）　　可燃冰是天然气被包进水分子后，在海底的低温与压力下形成的结晶。这种白色的固体，几乎不会产生任何污染。

（第二段）　　现在，科学家正全力开采这种可燃冰，但在普及的过程中，困难也会随之而来。

（第三段）　　首先是开采的困难。现在开采的方法主要有热解法、降压法、置换法等，但缺点是既费时，效率又不高。其次，开采这种新能源一定会受到石油大国的阻力。当这种新能源开采成功后，势必会很快取代石油，这样，靠石油起家的国家将会失去主要的财富来源，因此，他们一定会百般阻拦。退一步说，即使成功开发出这种能源，新能源也必定成为世界各国争夺的目标，谁掌握新能源，谁就会掌握未来世界经济的命脉，这又怎么不会引起强国的争夺呢？所以，开采可燃冰一定会产生许多负面影响，例如，造成各国的反目、引发战争等。这些隐患都是不可忽视的。

（第四段）　　虽然如此，在能源日益减少的今天，新能源的开发仍然是我们唯一的出路，但愿新能源能尽早普及世界，为世界打开一条新的道路！

第二部分

《文章四》　　　只有一个地球

宇宙中的地球，是一个晶莹透亮的球体，上面蓝、白色的纹痕相互交错，十分美丽壮观。

但是，与茫茫宇宙相比，地球是渺小的，它的半径只有 6,300 多公里，在群星璀璨的宇宙中，就像一叶扁舟。地球的表面积是 5.1 亿平方公里，而人类生活的陆地大约只占其中的五分之一。所以，人类的生存空间是非常有限的。

地球所拥有的自然资源也非常有限。例如，矿物资源是经过几百万年，甚至几亿年的地质变化才形成的。地球无私地向人类提供矿产资源，可是，人类如果不加节制地开采，势必会加速矿产资源的枯竭。

人类生活所需要的水资源、森林资源、生物资源、大气资源，本来是可以不断再生的。但是，因为人们随意毁坏自然资源，不顾后果地滥用化学品，不但使它们不能再生，还造成了一系列严重威胁人类生存的生态灾难。而且科学家已经证明，最少在地球附近 40 万亿公里的范围内，没有适合人类居住的第二个星球。人类只有一个地球，如果它被破坏了，我们便别无去处。如果地球上的各种资源都枯竭了，我们很难从别的地方得到补充。

所以，我们应该保护地球的生态环境，让地球继续造福我们的子孙后代。

第一部分

《文章一》——奥运项目"马拉松赛跑"的由来

根据《文章一》的内容，回答下列问题。以下是例子。

例：根据第一段，"马拉松赛跑"是什么比赛中的项目？	奥运会
1、根据第一段，马拉松比赛的距离是多少？	
2、根据第二段，战争开始之前，斐迪辟曾送信到哪里？	
3、根据第二段，斐迪南跑到雅典的时候只说了一句什么话？	
4、根据第三段，马拉松是什么时候成为奥运会比赛项目的？	

根据《文章一》内容，从下面选出三个正确的句子。

A、公元 490 年 9 月 12 日发生了波斯人和雅典人的战争。

B、波斯人取得了战争的胜利。

C、斐迪辟被誉为"飞毛腿"。

D、240 公里的路程，斐迪辟用了三天两夜的时间就跑到了。

E、斐迪辟到斯巴达是为了报告胜利的消息。

F、斐迪辟是在跑到雅典后才死去的。

G、现代第一届奥运会是从 1896 年开始的。

5、□

6、□

7、□

根据《文章一》的内容，从右边的选项中找出最接近左边辞汇意思的一项。把答案写在方框里。第一个是例子。

例：众所周知　　　　 G

8、战役　　　　 □

9、一个劲儿　　　　 □

10、设立　　　　 □

A、打架

B、战争

C、站立

D、开设

E、一点点力气

F、一直，不间断地

G、 所有人都知道

《文章二》——父亲的爱

下面的句子可能是对的，也可能是错的，请用（√）回答"对"或"错"，并用文章里的相关内容说明理由，必须两个答案都正确才能得一分。

以下是例子。

例：我考上的是一所郊区的学校。

对 ☐　　　　错 ☑

理由： *那是我刚考上市内中学的时候。*

11、父亲是一名普通的工人。

对 ☐　　　　错 ☐

理由：_____

12、学校在很远的地方，所以父亲要送我去上学。

对 ☐　　　　错 ☐

理由：_____

13、路上，父亲给我鸡蛋吃。

对 ☐　　　　错 ☐

理由：_____

根据《文章二》的内容，回答下面的问题。

14、父亲的外貌是怎样的？（脸、眼睛、头发）

_____

15、在文章的最后部分，作者说"您的爱，我懂"，作者懂得了什么？

_____

阅读《文章二》，从下面的方框里选出合适的辞汇填空。

第一个是例子。

虽然	既然	既要	却	**但是**	不然

例： _但是_

16、_____

17、_____

18、_____

《文章三》——新能源的开发

根据《文章三》内容，从下面选出最合适的答案。把答案写在方框里。

19、根据第一段，可燃冰

A、是白色的液体。
B、是一种严重污染环境的物质。
C、由天然气和水组成。
D、不能释放淡水。

20、根据第三段，现代开采可燃冰的方法有

A、降解法。
B、增压法。
C、置换法。
D、热解法、降压法和置换法。

21、根据第三段，下列说法正确的是

A、可燃冰一旦开采成功，会很快取代石油。
B、石油大国积极鼓励开采这种新能源。
C、开采可燃冰的效率十分高。
D、开采可燃冰可以解决目前世界上能源争夺的问题。

22、根据文章，作者认为

A、应该开发能普及世界的新能源。
B、可燃冰没有什么开采的价值。
C、大国不应该阻止新能源的开发。
D、应该在全世界广泛修路。

根据《文章三》的内容，回答下面的问题。

23、根据第一段，什么是可燃冰？

_____

24、根据第三段，普及可燃冰有哪些困难？

_____

25、根据第三段，现在开采可燃冰的方法有哪些缺点？

_____

26、根据第三段，哪些国家会百般阻挠可燃冰的开发？

_____

根据《文章三》内容，从右边的选项中找出最合适的结尾来完成左边的短句。第一
个是例子。（注：右边的句尾比需要的多。）

句首		句尾
例：可燃冰释放能量时， **B**		A、能尽早普及世界。
		B、几乎不会产生任何污染。
27、现在科学家正全力 开采可燃冰		C、有许多负面影响。
		D、是唯一的出路。
28、在能源日益减少的 今天，开发新能源		E、会成为各国争夺的目标。
		F、但却困难重重。
		G、有很多缺点。

第二部分

《文章四》——只有一个地球

用《文章四》里合适的部分完成下面的习题。至少写 120 个字，请不要大段抄写。

学校将要举行一项以环保为主题的活动，你作为学生代表将在活动的开幕式上发言。请你写一篇关于"爱护环境，保护地球"的文章，呼吁同学们积极参加活动，并用自己的行动来支持环保。

BLANK PAGE

IB Chinese B Mock Exam

IB 中文 B 级模拟试题

STANDARD LEVEL
PAPER TWO

普通程度 试卷二

Time: 1h30m

写作部分

BLANK PAGE

从下面四个题目中选一题，至少写 300 个字。

1、你有一位同学在郊游时不小心弄伤了手臂，请写一篇记叙文，交代事件的起因、经过和结果，并谈谈自己的感受。

2、你和同学约好了明天去看电影，但你刚刚得知明天学校要举行活动，而你不能缺席，请给你的同学写一封电子邮件，告诉他/她你不能赴约的原因，并对此表示歉意。

3、你要参加学校的辩论会，题目是"亲情和友情哪个更重要"，请选择你支持的观点，写一篇辩论稿。

4、写一篇文章，介绍你最喜欢的课外活动。

BLANK PAGE

IB Chinese B Mock Exam

MARKSCHEME

IB 中文 B 级模拟试题评分标准

STANDARD LEVEL
PAPER TWO
普通程度 试卷二

BLANK PAGE

第一部分

《文章一》——奥运项目"马拉松赛跑"的由来

根据《文章一》的内容，回答下列问题。 （本题四分）

以下是例子。

例：根据第一段，"马拉松赛跑"是什么比赛中的项目？	奥运会
1、根据第一段，马拉松比赛的距离是多少？	42195 米
2、根据第二段，战争开始之前，斐迪辟曾送信到哪里？	斯巴达
3、根据第二段，斐迪南跑到雅典的时候只说了一句什么话？	我们胜利了
4、根据第三段，马拉松是什么时候成为奥运会比赛项目的？	1896 年

根据《文章一》内容，从下面选出三个正确的句子。　　　　　　　*（本题三分）*

A、公元 490 年 9 月 12 日发生了波斯人和雅典人的战争。

B、波斯人取得了战争的胜利。

C、斐迪辟被誉为"飞毛腿"。

D、240 公里的路程，斐迪辟用了三天两夜的时间就跑到了。

E、斐迪辟到斯巴达是为了报告胜利的消息。

F、斐迪辟是在跑到雅典后才死去的。

G、现代第一届奥运会是从 1896 年开始的。

5、 | **C**

6、 | **F**

7、 | **G**

根据《文章一》的内容，从右边的选项中找出最接近左边辞汇意思的一项。把答案写在方框里。　　　　　　　*（本题三分）*

第一个是例子。

例：众所周知　　**G**　　　　　　A、打架

　　　　　　　　　　　　　　　　B、战争

8、战役　　**B**　　　　　　　　C、站立

　　　　　　　　　　　　　　　　D、开设

9、一个劲儿　　**F**　　　　　　E、一点点力气

　　　　　　　　　　　　　　　　F、一直，不间断地

10、设立　　**D**　　　　　　　*G、　所有人都知道*

　　　　　　　　　　　　　　　　　　　文章一：[10 分]

《文章二》——父亲的爱

下面的句子可能是对的，也可能是错的，请用（√）回答"对"或"错"，并用文章里的相关内容说明理由，必须两个答案都正确才能得一分。 　　　　（本题三分）

以下是例子。

例：我考上的是一所郊区的学校。

对		错	√

理由：*那是我刚考上市内中学的时候。*

11、父亲是一名普通的工人。

对		错	√

理由：**我的父亲是一名农民。**

12、学校在很远的地方，所以父亲要送我去上学。

对		错	√

理由：**父亲送我上学，虽然路并不远，但是父亲却执意要送。**

13、路上，父亲给我鸡蛋吃。

对	√	错	

理由：**"萍儿，歇会儿吧！"父亲说着，从口袋里掏出两个鸡蛋塞给我。**

根据《文章二》的内容，回答下面的问题。 （本题四分）

14、父亲的外貌是怎样的？（脸、眼睛、头发）

父亲的脸是紫铜色的（1分）；眼睛里布满了血丝（1分）；稀稀落落的头发贴在头皮上（1分）。

15、在文章的最后部分，作者说"您的爱，我懂"，作者懂得了什么？

作者懂得了父亲的爱广阔无边、深沉细腻。（1分）

阅读《文章二》，从下面的方框里选出合适的辞汇填空。 （本题三分）

第一个是例子。

虽然	既然	既要	却	**但是**	不然

例：但是

16、**虽然**

17、**既要**

18、**却**

文章二：[10 分]

《文章三》——新能源的开发

根据《文章三》内容，从下面选出最合适的答案。把答案写在方框里。（本题四分）

19、根据第一段，可燃冰

A、是白色的液体。

B、是一种严重污染环境的物质。

C、由天然气和水组成。 **C**

D、不能释放淡水。

20、根据第三段，现代开采可燃冰的方法有

A、降解法。

B、增压法。

C、置换法。 **D**

D、热解法、降压法和置换法。

21、根据第三段，下列说法正确的是

A、可燃冰一旦开采成功，会很快取代石油。

B、石油大国积极鼓励开采这种新能源。

C、开采可燃冰的效率十分高。 **A**

D、开采可燃冰可以解决目前世界上能源争夺的问题。

22、根据文章，作者认为

A、应该开发能普及世界的新能源。

B、可燃冰没有什么开采的价值。

C、大国不应该阻止新能源的开发。 **A**

D、应该在全世界广泛修路。

根据《文章三》的内容，回答下面的问题。　　　　　　　　　　*（本题四分）*

23、根据第一段，什么是可燃冰？

可燃冰是指天然气被包进水分子后，在海底的低温与压力下形成的结晶。

24、根据第三段，普及可燃冰有哪些困难？

普及可燃冰，不但会遇到开采的困难，而且会受到石油大国的阻力。此外，新能源将会引起强国的争夺。

25、根据第三段，现在开采可燃冰的方法有哪些缺点？

费时、效率不高。

26、根据第三段，哪些国家会百般阻拦可燃冰的开发？

靠石油起家的国家。

根据《文章三》内容，从右边的选项中找出最合适的结尾来完成左边的短句。第一个是例子。（注：右边的句尾比需要的多。）　　　　　　　　（本题两分）

句首		句尾
例：可燃冰释放能量时，	**B**	A、能尽早普及世界。
		B、几乎不会产生任何污染。
27、现在科学家正全力开采可燃冰，	**F**	C、有许多负面影响。
		D、是唯一的出路。
28、在能源日益减少的今天，开发新能源	**D**	E、会成为各国争夺的目标。
		F、但却困难重重。
		G、有很多缺点。

文章三：［10分］

第一部分总分：［30分］

第二部分

《文章四》——只有一个地球

沟通目的：正式的口头交流

一、文化沟通：

这次的写作目的是以演讲稿的形式鼓励同学积极参与环保。所以写作时应用第一人称、正式的语气。考生必须清晰地表达出环保的重要性，并说明如何支持环保；此外，考生必须根据文章的内容重点，强调环境破坏所带来的危害及环保的重要性。

二、表达内容：

应以内容的合适度与全篇语意的通顺性来评断书写的内容是否抄袭，而非以抄袭的内容长短来评断。作者应选择以下的部分内容：

- 人类生活的陆地只占地球表面积的五分之一，生存空间很有限。
- 地球所拥有的自然资源是有限的。
- 不加节制地开采，加速了矿产资源枯竭。
- 人类随意毁坏自然造成了自然资源的不可再生。
- 人们随意毁坏自然资源，还造成了一系列生态灾难。
- 在地球附近 40 万亿公里的范围内，没有适合人类居住的星球。
- 破坏了地球我们将无处可去。
- 地球上的资源枯竭了，将很难得到补充。
- 保护地球，造福我们的子孙后代。

> 要达到 5 级标准(即对原文有大体的理解)，必须包括以上至少 4 项内容；要达到 9 级标准（即对原文有彻底的理解），必须包括至少 7 项内容。

文章四：[10 分]

总分：40 分

IB Chinese B Mock Exam

IB 中文 B 级模拟试题

STANDARD LEVEL
PAPER THREE
普通程度 试卷三

BLANK PAGE

IB Chinese B Mock Exam

IB 中文 B 级模拟试题

STANDARD LEVEL
PAPER THREE

普通程度 试卷三

Time: 1h30m

阅读部分

BLANK PAGE

第一部分

《文章一》　　香港的茶楼

（第一段）　　香港早在 1845 年就已有茶楼开业。那时，香港的人口只有 2-3 万。不过，开埠初期，西营盘至威灵顿街一带，已有小型的茶楼供应点心和饭菜给市民。但是这些茶楼主要为劳动阶层提供服务，对于饮食要求较高的顾客还不够吸引力。到了 1846 年，在港岛区先后开设了两间大茶楼，在文咸东街和皇后大道中交界处，更形成了茶楼区，很多茶楼在该处启业。由此，上茶楼喝茶成为了一种潮流。

（第二段）　　从前，香港人有一句俗语叫做"上高楼"，意思是到高级的茶楼喝茶。从上"高楼"这个词语便可以反映出早期香港茶楼的分别就在于一个"楼"字。高级的茶楼，是有二楼和三楼的，与一般的茶楼有别。但是，开埠初期的茶楼，不会只做上流社会的生意而忽略大多数的劳苦大众。因此，高级茶楼的楼下，也开辟为适合劳苦大众消费的"地厅"。"地厅"的茶价，收费略高于低级茶楼，但又比楼上的茶价低。这样的收费，既能争取大众的支持又能争取上流社会的消费者到楼上去喝茶。当时流行的一句俗语："有钱上高楼，无钱地下蹲"，就是指富有的人到楼上去品茗，贫穷的人只能在地厅处喝茶了。

（第三段）　　要谈香港现时还保留传统特色的茶楼，非举位于中环威灵顿街、有 80 多年历史的莲香楼不可。莲香楼的前身乃广州糕酥馆。糕酥馆于 1889 年开业，是主要制作及售卖糕点的店铺，后来因为首创以莲子蓉作糕点的馅料，故糕酥馆采用跟莲子的"莲"字同音的"连"字作店名，并正式改名为连香楼。至清末宣统三年，当时的翰林学士陈如岳品尝过连香楼出品的莲香月饼后，在店中提了"莲香楼"三个大字，现时的莲香楼便因此得名。

《文章二》　　龙卷风

（第一段）　　龙卷风是从强流积雨云伸向地面的一种小范围强烈旋风。它出现时，往往有一个或数个如同"象鼻子"样的漏斗状云柱从云底向下伸展，同时伴随狂风暴雨、雷电或冰雹。龙卷风经过水面，能吸水上升，形成水柱，与云层相接，俗称"龙取水"。

（第二段）　　一般情况下，龙卷风是一种气旋，它在接触地面时，直径在几米到一公里不等。龙卷风影响的范围一般从数米到数百公里，漏斗状的中心由吸起的尘土和凝聚的水气组成可见的"龙嘴"，在海洋上，尤其是在热带地区，类似的景象称为海上龙卷风。

（第三段）　　大多数龙卷风在北半球是逆时针旋转的，在南半球则为顺时针，但也有例外的情况。龙卷风形成的确切原因仍在研究当中，一般认为它与大气的剧烈活动有关。幸好 19 世纪以来，天气预报的准确性大大提高，气象雷达能够监测到龙卷风、飓风等各种灾害风暴。

（第四段）　　龙卷风常发生于夏季的雷雨天气，当中以下午至傍晚最为常见。龙卷风的直径一般在十多米到数百米之间，维持时间一般只有几分钟，最长也不超过数小时。它的风力特别大，在中心附近的风速可达每秒 100-200 米，因此破坏力极强，常会拔起大树、掀翻车辆、摧毁建筑物，甚至能把人吸走，危害十分严重。

（第五段）　　防范龙卷风的措施包括以下几项。第一，在家时，应远离门窗，躲到与龙卷风方向相反的墙壁或小房间内抱头蹲下，当然最安全是躲到地下室或半地下室；第二，在电线杆、房屋倒塌前，应及时切断电源；第三，在野外遇到龙卷风时，应寻找附近低洼地伏下，并远离大树、电线杆，以免被压住或触电；最后，如果驾车时遇到龙卷风，切忌驾车躲避，也不要躲在车中，应立即离开汽车，到低洼地躲避。

《文章三》   "水滴石穿"的启示

（第一段）   水是生活中最常见的一种物质，它细腻柔软，没有盘石般坚硬，但我们也常常能看到这样一种景象——在水滴的锲而不舍之下，盘石被滴穿了。"水滴石穿"不是神话，而是不懈努力的力量，我们做事也是如此，贵在持之以恒。

（第二段）   1508年，意大利雕塑家、画家米高安哲罗接受了为罗马西斯廷教堂绘画屋顶大壁画的任务。他日以继夜地工作，虽然在这个过程中，他遇到过很多的困难，但他始终坚持自己的信念，没有退却和气馁。四年后，他终于成功地完成了任务，西斯廷教堂的壁画从此成为了举世闻名的艺术珍宝。

（第三段）   奥地利著名作家茨威格有一次去拜访法国雕塑大师罗丹。罗丹带茨威格参观雕刻室时，忽然觉得其中一尊雕塑的线条不够圆滑，于是便捡起一柄木制小刀，开始在雕塑上修改起来。他的行为令茨威格叹为观止，这正是大师力求完美的精神。

（第四段）   王进喜曾是中国大庆油田一名普通的工人。新中国成立初期，开采石油的技术和设备都十分落后，他便用"人拉肩扛"的方法搬运和安装机器，于是被人们誉为"铁人"。在他的努力下，终于成功地开发了大庆油田，造福了千百万中国人。

（第五段）   这些故事都体现了"水滴石穿"的道理——成功不在于力量的强大，而在于不分昼夜的滴坠。要成就事业，就必须像水滴一样坚持不懈、目标专一、奋勇拼搏。就让我们以"水滴石穿"的精神，向成功的道路前进吧！

第二部分

《文章四》　　旅途中购物的大学问

外出旅游，买点地方特产和纪念品，体验异地消费情趣，是游人的普遍心理。由此看来，怎样在旅途中购物，亦算是一门学问。以下是几项在旅途中购物时值得注意的地方：

首先，以地方特色作取舍。消费者应购买能体现地方特色，而且具有纪念意义的商品，如杭州的龙井、海南的椰子、云南的民族服饰、西藏的哈达等，这些商品具有浓郁的地方特色，购买后留为纪念，或送给亲朋好友，都称得上快事。

其次，以小型轻便为首选。有些特色商品，体积笨重庞大，不便于随身携带，所以不宜购买。出门在外，游山玩水、乘坐车船并不轻松，行李包越少越好。有些物品易碎，稍有不慎就有可能摔坏，游客不应为此而多花冤枉钱。

再次，切忌贪便宜。在某些风景区，经常有人兜售假冒的商品，如珍珠、项链、茶叶之类，它们通常都比较便宜，商家也会用各种方式向游客推销，因此游客要经得起低价和叫卖的诱惑。

最后，还应具备一定的判断力。现在有少数导游会想尽办法把团队拉到他们能拿取回扣的商店，任意延长购物时间，并乐此不疲地为游客介绍物品，选购物品，事实上这一系列的安排是一个大陷阱。因此，游客一定要有自己的判断能力，千万不可轻易上当。

总之，在异地购物时，不要盲目轻信别人，而要相信自己的判断力，做个理性的消费者。

第一部分

《文章一》——香港的茶楼

根据《文章一》内容，从下面选出最合适的答案。把答案写在方框里。

1、根据第一段，香港的茶楼

A、最先于 1846 年开设。
B、对于饮食要求较高的人有很大的吸引力。
C、不供应饭菜，只供应茶水。
D、在开埠初期，主要集中在西营盘至威灵顿街一带。

2、根据第二段，高级的茶楼

A、一般有二楼和三楼。
B、只接待有钱人。
C、地厅的茶价与一般的低级茶楼一样。
D、每一层的价格没有什么不同。

3、根据第三段，香港现时的特色茶楼

A、主要都在中环威灵顿街。
B、以莲香楼最具传统特色。
C、大多有百余年的历史。
D、以莲香楼的历史最为悠久。

4、根据第三段，莲香楼

A、前身是香港糕酥馆。
B、于 1889 年开业。
C、因翰林学士曾品尝过连香楼出品的莲香糕而著名。
D、有 200 多年的历史。

5、这篇文章的写作目的是

A、介绍莲香楼的由来。
B、介绍香港有名的茶楼。
C、介绍香港茶楼的特色。
D、介绍香港茶楼的历史。

根据《文章一》的内容，回答下面的问题。

6、根据第二段，高级的茶楼有什么特点？

_____

7、根据第二段"有钱上高楼，无钱地下蹲"是什么意思？

_____

8、莲香楼起初为什么改名为"连香楼"？

_____

根据《文章一》的内容，从右边的选项中找出最接近左边辞汇意思的一项。把答案
写在方框里。第一个是例子。

例：流行（第一段）　　　　　 C 　　　　　A、流传

　　　　　　　　　　　　　　　　　　　　　　　B、放起来

9、忽略（第二段）　　　　　　　　　　　　*C、很受欢迎*

　　　　　　　　　　　　　　　　　　　　　　　D、不受重视

10、保留（第三段）　　　　　　　　　　　　E、保存下来

　　　　　　　　　　　　　　　　　　　　　　　F、忽然

《文章二》——龙卷风

根据文章内容，从下面选出最合适的答案。把答案写在方框里。

11、根据第一段，龙卷风

A、是一种大范围的强烈旋风。

B、出现时常伴随狂风暴雨、雷电和冰雹。

C、又叫"象鼻子"。

D、经过水面时会下暴雨，形成水柱。

12、根绝第二段，下列说法正确的是

A、龙卷风一般不会在海上发生。

B、龙卷风实际上呈"龙嘴"状。

C、龙卷风接触地面时，直径由几米到 1 公里不等。

D、龙卷风影响范围一般为 100 公里以上。

13、根据第三段，下列说法正确的是

A、从 20 世纪以来，天气预报的准确性大大提高。

B、科学家已经得出了龙卷风形成的确切原因。

C、天气预报目前还不能预测龙卷风。

D、龙卷风在北半球是逆时针旋转的，但也有可能顺时针旋转。

14、根据第四段，龙卷风的特点是

A、常发生于夏季的早上。

B、维持时间一般都为数个小时。

C、在中心附近的风速可达每秒 100-200 米。

D、常会拔起大树、掀翻车辆、摧毁建筑物，但不会把人吸走。

15、根据第五段，关于龙卷风防范措施的说法，正确的是

A、躲避龙卷风最安全的地方是地下室或半地下室。
B、在野外时遇到龙卷风，应躲在树下。
C、开汽车时遇到龙卷风，要躲在汽车中。
D、在家时遇到龙卷风，应该抱头躲在桌子下面。

下面的句子可能是对的，也可能是错的，请用（√）回答"对"或"错"，并用文章里的相关内容说明理由，必须两个答案都正确才能得一分。以下是例子。

例： *龙卷风会为经过的地方带来十分严重的危害。*

对 ☑ 错 ☐

理由：*龙卷风破坏力极强，对环境的危害十分严重。*

16、龙卷风出现时，往往只有一个如同"象鼻子"样的漏斗状云柱。

对 ☐ 错 ☐

理由：＿＿＿＿＿＿＿＿＿＿＿＿＿＿＿＿＿＿＿＿＿＿＿＿

17、龙卷风一定是一种气旋。

对 ☐ 错 ☐

理由：＿＿＿＿＿＿＿＿＿＿＿＿＿＿＿＿＿＿＿＿＿＿＿＿

18、科学家已经研究出，龙卷风的形成一定与大气的剧烈活动有关。

对 □　　　错 □

理由：_____

根据《文章二》的内容，回答问题。

19、根据第一段，什么是"龙取水"？

_____

20、根据第四段，龙卷风的维持时间为多久？

_____

《文章三》——"水滴石穿"的启示

下面的句子可能是对的，也可能是错的，请用（✓）回答"对"或"错"，并用文章里的相关内容说明理由，必须两个答案都正确才能得一分。

以下是例子。

例：1509 年，意大利雕塑家、画家米高安哲罗接受了为西斯廷教堂画壁画的任务。

对 ☐　　　错 ☑

理由：*1508 年，意大利雕塑家、画家米高安哲罗接受了为罗马西斯廷教堂绘屋顶大壁画的任务。*

21、西斯廷教堂绘画屋顶大壁画历时 4 年才完成。

对 ☐　　　错 ☐

理由：＿＿＿＿＿＿＿＿＿＿＿＿＿＿＿＿＿＿＿＿

22、茨威格很欣赏罗丹对于艺术的执着。

对 ☐　　　错 ☐

理由：＿＿＿＿＿＿＿＿＿＿＿＿＿＿＿＿＿＿＿＿

23、王进喜是胜利油田的工人。

对 ☐　　　错 ☐

理由：＿＿＿＿＿＿＿＿＿＿＿＿＿＿＿＿＿＿＿＿

24、"水滴石穿"的意义不在于力量强大，而在于不分昼夜的滴坠。

对 ☐　　　　错 ☐

理由：_____

根据《文章三》的内容，回答下列问题。

25、根据第二段，谁接受了罗马西斯廷教堂绘画屋顶大壁画的任务？	
26、根据第三段，茨威格是什么人？	
27、根据第五段，要成就事业必须具备什么条件？	

根据《文章三》的内容，从右边的选项中找出最接近左边辞汇意思的一项。

第一个是例子。

例：著名（第二段）

C

A、平凡

B、一直坚持

C、很有名的

28、不懈（第一段）

29、气馁（第二段）

D、懈怠

E、放弃

30、普通（第四段）

F、慵懒的

第二部分

《文章四》—— 旅途中购物的大学问

用《文章四》里合适的部分完成下面练习题。至少写120字。不要大段抄写。

你的美国朋友丹尼马上就要来中国旅游，他给你发了一封电子邮件询问在中国旅游购物时的注意事项，请你给他回一封电邮。

BLANK PAGE

IB Chinese B Mock Exam

IB 中文 B 级模拟试题

STANDARD LEVEL
PAPER THREE

普通程度 试卷三

Time: 1h30m

写作部分

BLANK PAGE

从下面四个题目中选一题，至少写 300 个字。

1、假设你参加了一项全球青少年的交流活动，请向你的新朋友介绍你
  们国家的传统和特色。

2、学校图书馆聘请你当学生管理员，请写一篇"注意事项"，告诉同
  学们在借还图书和使用图书馆自修室时应该注意的事情。

3、最近在你的身边发生了什么有意思的事情？请你以"身边的趣事"
  为主题，为校报写一篇报道。

4、根据水的性质、特征、功用等写一篇说明文，说明水和人类的关系，
  以呼吁人们更好地节约用水。

BLANK PAGE

IB Chinese B Mock Exam

MARKSCHEME

IB 中文 B 级模拟试题评分标准

STANDARD LEVEL
PAPER THREE
普通程度 试卷三

BLANK PAGE

第一部分

《文章一》——香港的茶楼

根据《文章一》内容，从下面选出最合适的答案。把答案写在方框里。（本题五分）

1、根据第一段，香港的茶楼

A、最先于 1846 年开设。
B、对于饮食要求较高的人有很大的吸引力。
C、不供应饭菜，只供应茶水。
D、在开埠初期，主要集中在西营盘至威灵顿街一带。

D

2、根据第二段，高级的茶楼

A、一般有二楼和三楼。
B、只接待有钱人。
C、地厅的茶价与一般的低级茶楼一样。
D、每一层的价格没有什么不同。

A

3、根据第三段，香港现时的特色茶楼

A、主要都在中环威灵顿街。
B、以莲香楼最具传统特色。
C、大多有百余年的历史。
D、以莲香楼的历史最为悠久。

B

4、根据第三段，莲香楼

A、前身是香港糕酥馆。

B、于 1889 年开业。

C、因翰林学士曾品尝过连香楼出品的莲香糕而著名。

D、有 200 多年的历史。

B

5、这篇文章的写作目的是

A、介绍莲香楼的由来。

B、介绍香港有名的茶楼。

C、介绍香港茶楼的特色。

D、介绍香港茶楼的历史。

D

根据《文章一》的内容，回答下面的问题。　　　　　　　　（本题三分）

6、根据第二段，高级的茶楼有什么特点？

高级茶楼有二楼和三楼。

7、根据第二段"有钱上高楼，无钱地下蹲"是什么意思？

这句话的意思是有钱人能到楼上去喝茶，贫穷的人只能在地厅处喝茶。

8、莲香楼起初为什么改名为"连香楼"？

莲香楼的前身乃广州糕酥馆，因首创以莲子蓉作糕点的馅料，因而以"莲"字同音的"连"字作店名。

根据《文章一》的内容，从右边的选项中找出最接近左边辞汇意思的一项。

第一个是例子。　　　　　　　　　　　　　　　（本题两分）

例：**流行**（第一段）　　　$\boxed{C}$　　　　　A、流传

　　　　　　　　　　　　　　　　　　　　　　B、放起来

9、忽略（第二段）　　　$\boxed{D}$　　　　　***C、很受欢迎***

　　　　　　　　　　　　　　　　　　　　　　D、不受重视

10、保留（第三段）　　　$\boxed{E}$　　　　　E、保存下来

　　　　　　　　　　　　　　　　　　　　　　F、忽然

文章一：[10分]

《文章二》——龙卷风

根据文章内容，从下面选出最合适的答案。把答案写在方框里。　　　(本题五分)

11、根据第一段，龙卷风

A、是一种大范围的强烈旋风。
B、出现时常伴随狂风暴雨、雷电和冰雹。
C、又叫"象鼻子"。
D、经过水面时会下暴雨，形成水柱。

B

12、根据第二段，下列说法正确的是

A、龙卷风一般不会在海上发生。
B、龙卷风实际上呈"龙嘴"状。
C、龙卷风接触地面时，直径由几米到1公里不等。
D、龙卷风影响范围一般为100公里以上。

C

13、根据第三段，下列说法正确的是

A、从20世纪以来，天气预报的准确性大大提高。
B、科学家已经得出了龙卷风形成的确切原因。
C、天气预报目前还不能预测龙卷风。
D、龙卷风在北半球是逆时针旋转的，但也有可能顺时针旋转。

D

14、根据第四段，龙卷风的特点是

A、常发生于夏季的早上。
B、维持时间一般都为数个小时。
C、在中心附近的风速可达每秒100-200米。
D、常会拔起大树、掀翻车辆、摧毁建筑物，但不会把人吸走。

C

15、根据第五段，关于龙卷风防范措施的说法，正确的是

A、躲避龙卷风最安全的地方是地下室或半地下室。
B、在野外时遇到龙卷风，应躲在树下。   **A**
C、开汽车时遇到龙卷风，要躲在汽车中。
D、在家时遇到龙卷风，应该抱头躲在桌子下面。

下面的句子可能是对的，也可能是错的，请用（√）回答"对"或"错"，并用文章里的相关内容说明理由，必须两个答案都正确才能得一分。   （本题三分）

以下是例子。

例： 龙卷风会为经过的地方带来十分严重的危害。

对   □ √   错   □

理由：_龙卷风破坏力极强，危害十分严重。_____

16、龙卷风出现时，往往只有一个如同"象鼻子"样的漏斗状云柱。

对   □   错   □ √

理由：_龙卷风出现时，往往有一个或数个如同"象鼻子"样的漏斗状云柱。_

17、龙卷风一定是一种气旋。

对   □   错   □ √

理由：_一般情况下，龙卷风是一种气旋。_____

18、科学家已经研究出，龙卷风的形成一定与大气的剧烈活动有关。

对 ☐　　　错 ☑

理由：<u>龙卷风形成的确切原因仍在研究当中，一般认为它与大气的剧烈活动有关。</u>

根据《文章二》的内容，回答问题。　　　　　　　　　　（本题两分）

19、根据第一段，什么是"龙取水"？

<u>龙卷风经过水面，能吸水上升，形成水柱，与云层相接，俗称"龙取水"。</u>

20、根据第四段，龙卷风的维持时间为多久？

<u>龙卷风的维持时间一般只有几分钟，最长也不超过数小时。</u>

文章二：　［10 分］

《文章三》——"水滴石穿"的启示

下面的句子可能是对的，也可能是错的，请用（√）回答"对"或"错"，并用文章里的相关内容说明理由，必须两个答案都正确才能得一分。　　　　（本题四分）

以下是例子。

例：1509 年，意大利雕塑家、画家米高安哲罗接受了为西斯廷教堂画壁画的任务。

对 ☐　　　错 ☑

理由：*1508 年，意大利雕塑家、画家米高安哲罗接受了为罗马西斯廷教堂绘画屋顶大壁画的任务。*

21、西斯廷教堂绘画屋顶大壁画历时 4 年才完成。

对 ☑　　　错 ☐

理由：四年后，他（米高安哲罗）终于成功地完成了任务。

22、茨威格很欣赏罗丹对于艺术的执着。

对 ☑　　　错 ☐

理由：他（罗丹 ）的行为令茨威格叹为观止。

23、王进喜是一名胜利油田的工人。

对 ☐　　　错 ☑

理由：王进喜曾是中国大庆油田一名普通的工人。

24、"水滴石穿"的意义不在于力量强大，而在于不分昼夜的滴坠。

对   ✓   错

理由：<u>这些故事无不体现了"水滴石穿"的道理——成功不在于力量的强大，而在于不分昼夜的滴坠。</u>

根据《文章三》的内容，回答下列问题。   *（本题三分）*

25、根据第二段，谁接受了罗马西斯廷教堂绘画屋顶大壁画的任务？	米高安哲罗
26、根据第三段，茨威格是什么人？	奥地利作家
27、根据第五段，要成就事业必须具备什么条件？	坚持不懈，目标专一、奋勇拼搏

根据《文章三》的内容，从右边的选项中找出最接近左边辞汇意思的一项。把答案写在方框里。　　　　　　　　　　　　　　　　　　　（本题三分）

第一个是例子。

例：著名（第二段）　　　　C　　　　｜　　　A、平凡

　　　　　　　　　　　　　　　　　　　　｜　　　B、一直坚持

28、不懈（第一段）　　　　B　　　　｜　　　C、很有名的

　　　　　　　　　　　　　　　　　　　　｜　　　D、懈怠

29、气馁（第二段）　　　　E　　　　｜　　　E、放弃

　　　　　　　　　　　　　　　　　　　　｜　　　F、慵懒的

30、普通（第四段）　　　　A　　　　｜

文章三：［10分］

第一部分总分：［30分］

第二部分

《文章四》——旅途中购物的大学问

沟通的目的：非正式的书面交流

一、文化沟通：

这次的写作目的是以书信形式给朋友回复，所以写作时应用第一人称、非正式的语气，且必须遵守一般书信的格式。考生可以对朋友来中国旅游之举表示欢迎，并根据文章所提供的资料，重点说明旅行时购物的注意事项。

二、表达内容

应以内容的合适度与全篇语意的通顺性来评断书写的内容是否抄袭，而非以抄袭的内容长短来评断。作者应选择以下的部分内容：

- 欢迎朋友来中国旅游。
- 能体现地方特色的商品值得购买。
- 购买地方特产送给亲朋好友，是不错的选择。
- 以小型轻便为首选。
- 不要买易碎的物品。
- 要经得起低价和叫卖的诱惑。
- 有少数导游会带旅客到商店购物，从中拿取回扣。
- 不要盲目轻信别人。
- 要有自己的判断力，做个理性的消费者。

> 要达到5级标准（即对原文有大体的理解），必须包括以上至少4项内容；要达到9级标准（即对原文有彻底的理解），必须包括至少7项内容。

文章四：[10分]

总分：40分

IB Chinese B Mock Exam

IB 中文 B 级模拟试题

HIGHER LEVEL
PAPER ONE
高级程度 试卷一

BLANK PAGE

IB Chinese B Mock Exam

IB 中文 B 级模拟试题

HIGHER LEVEL
PAPER ONE

高级程度 试卷一

Time: 1h30m

阅读部分

BLANK PAGE

第一部分

《文章一》　　地球上的氧气为何减少

（第一段）　科学家曾经从自然界得到一块 8000 万年前的玛瑙，发现其中密封着一个气泡，经检测后得知，这个气泡中的氧气含量高达 30％。由此推断，当时地球大气层中的氧气含量为 30％，但现时大气层中的氧气含量仅为 21％，可见在这 8000 万年中，大气层中的氧气减少了 9％。

（第二段）　地球的大气层形成于 4 亿至 40 亿年前这段漫长的岁月里，可以说，大气层中的氧气是数十亿年来绿色植物进行光合作用所积累下来的。远古时代，森林曾覆盖地球陆地面积的三分之二，达到 76 亿公顷；到了 1862 年，已减少到 55 亿公顷；目前仅剩下 28 亿公顷，而且还以每年 1100 万公顷的速度减少。素有地球"肺叶"之称的森林，光合作用时吸收二氧化碳，放出氧气。据测定，每公顷森林每天吸收二氧化碳 1 吨，放出氧气 0.74 吨，一年就能吸收二氧化碳 365 吨，放出氧气 270 吨。换言之，一年减少 1100 万公顷森林，就减少吸收二氧化碳 40 亿吨，减少放出氧气 30 亿吨。与此同时，燃烧煤、石油、天然气等化工燃料，会使氧气的消耗量逐年增加。另外，全球每年向大气层排放二氧化碳约 50 亿吨，这样会消耗氧气达 36 亿吨。

（第三段）　由于全球性的毁林滥伐，加上大量使用煤、石油等化工燃料等原因，令地球上氧气的消耗率超过再生率。据环境科学家测算，近 100 年来，大气中的氧气消耗了约 5000 亿吨，严重破坏了人类的生存环境。因此，保护森林、加速氧气再生及减少排放二氧化碳，是刻不容缓的事情。

《文章二》　　　天后诞

（第一段）　　天后，民间称之为"妈祖"，是沿海百姓崇祀的海神。她是宋代的一名奇女子，她的一生短暂，却留下了许多行善济世、救助海难的动人传说，历来备受统治者的表扬。<u>18</u> 人们逐渐把她奉之为神，顶礼膜拜。据资料显示，现今世界上约有一亿多人信奉天后，有 20 多个国家和地区建有天后宫。每年农历三月廿三日举行的天后宝诞，也成为了庆祝天后诞辰的传统文化节日。

（第二段）　　天后诞的庆祝活动从天后诞的前夕就开始了。傍晚时分，人们便开始还神、还花炮；子时过后，各村的村代表就会在天后庙上头注香、拜神，<u>19</u> 举行一些仪式，例如"喊礼"、"读祝文"等。到了天后诞的当天，各花炮会的龙狮队会与表演团体在天后庙前集合，进行庆祝表演。表演完毕后，龙狮队会继续前往天后庙参神，最后，龙狮队还会举行隆重的抽炮仪式。

（第三段）　　在天后诞庆典众多的传统活动中，"抽花炮"可算是最有特色的一项了。香港掌故家萧国健博士表示，一般花炮共设 30 座，当中"第三炮"除了象征"丁财两旺"之外，据说还是最灵验的一个，<u>20</u> 有"炮王"的称号。

（第四段）　　天后诞时，村民除了舞龙舞狮、朝拜天后、出会、巡游外，还会举行盛大的盆菜宴。盆菜是香港独特的传统菜式。传统盆菜以木盆盛载，材料则一层迭一层的排放。<u>*例*</u>，为了能吃到热腾腾的盆菜，现今盛载的器皿都以铜盆代替笨重的木盆了。

（第五段）　　总之，天后是香港及中国南部沿岸省份常见供奉的神祇。人们通过举行天后诞的庆祝活动，来表达对天后的敬仰之情，同时也祈求天后能够保佑人们出海平安。

《文章三》　　生物电脑

（第一段）　　生物电脑是以生物电子元件制成的电脑，它有何特性呢？

（第二段）　　首先，生物电脑的存储容量极大。传统电脑的晶片是用半导体材料制成的，其电脑晶体在 1 平方毫米面积上不能容纳超过 25 个电路，但是用蛋白质制造的生物电脑晶片，在 1 平方毫米面积上可容纳数亿个电路，因此生物电脑的存储容量可达到普通电脑的 10 亿倍。

（第三段）　　其次，生物电脑低电阻、低能耗的性质，促使其传输和处理资讯更加迅速。美国南加州大学的电脑科学家伦纳德•艾德曼曾成功研制一台 DNA 电脑，他指出："DNA 电脑的运行速度超过现代超级电脑的 10 万倍。"

（第四段）　　再次，生物电脑能促使电脑与人脑的融合。最新一代实验电脑正在模拟人类大脑的神经系统，希望"生物电脑"能成为人脑的外延或扩充部分。英国电讯研究所所长科克伦表示："生物晶片能快速处理资料，它不会曲解，不会老化，甚至不会忘掉任何记忆。"由此可见，生物电脑能用来改善和增强人类的记忆力。不但如此，科学家还相信，未来的生物电脑可以如同人脑般思考和推理，更可应用于通讯设备、卫星导航等领域。而且，美国贝尔实验室生物电脑部的物理学家正研制由生物晶片构成的人造耳朵和视网膜，如果研制成功，将为聋盲人士带来曙光。

（第五段）　　目前，科学家已研制出可以用于生物电脑的电路。因此，他们相信生物电脑是未来发展之路，并预言到了 2020 年，运算速度更快的生物电脑将取代传统电脑。不过，他们指出，生物电脑分子易于变质和受损的问题亦有待解决。因此，生物电脑仍须经历一段长时间的发展和改良。

第二部分

《文章四》 香港青少年吸毒问题的特点

　　根据禁毒处网上资料显示，香港青少年吸毒的问题近年来日趋严重。青少年吸毒问题的特点主要有以下几方面：

　　首先，吸毒人数不断增加，也趋向年轻化。2005-2008 年间，21 岁以下青少年吸毒人数增加了五成七，香港政府在 2004 年进行的一项大型调查结果显示，10 万名中学生中，约 13800 人曾吸毒。目前，香港政府正进行另一次大型调查，有分析人士指出，吸毒学生人数会比 2004 年最少高出数 10 个百分点。另一项调查显示，香港青少年首次吸毒的平均年龄为 15 岁，当中六成是学生，吸毒者年轻化的趋势使得青少年吸毒问题更令人担忧。

　　其次是聚众吸毒。与以往较为隐蔽的个人吸毒行为所不同的是，有些青少年常聚集在一些公共场所吸毒，又或者举行一些以吸毒、贩毒为主题的派对活动，有些甚至合资到离岛租借度假屋吸食毒品。有关资料显示，在已查获的吸毒青少年中，绝大多数会在固定地点聚集，一起吸毒，聚众吸毒与个人吸毒相比，更能相互影响，危害性更大。

　　再次，很多青少年吸毒者最后变成贩毒者，掉进了毒品犯罪的深渊。这些青少年一般是从吸毒开始的，起初，他们毒瘾不大，其零花钱尚能维持毒品的消费时，他们是单纯的吸毒者。但随着毒瘾加深，所需资金增多，原有的财力难以支付所需数量的毒品，他们便以贩毒的形式赚取购买毒品的金钱，由毒品的受害者变为害人者。由此可见，吸毒和贩毒相互依存，形成恶性循环，后果更为严重。

第一部分

《文章一》—— 地球上的氧气为何减少

下面的句子可能是对的，也可能是错的，请用（√）回答"对"或"错"，并用文章里的相关内容说明理由，必须两个答案都正确才能得一分。以下是例子。

例：*地球大气层形成于4亿至40亿年前。*

对 [√]   错 [ ]

理由：*地球的大气层形成于4亿至40亿年前这段漫长的岁月里。*

1、8000 万年前，地球大气层中氧气的含量为30%。

对 [ ]   错 [ ]

理由： _____

2、1862 年，覆盖地球陆地的森林面积有55亿公顷。

对 [ ]   错 [ ]

理由： _____

3、目前，覆盖地球的森林面积，以每年1100万公顷的速度减少。

对 [ ]   错 [ ]

理由： _____

4、全球每年向大气层排放的二氧化碳约 36 亿吨。

对 ☐　　　　　　　　错 ☐

理由：＿＿＿＿＿＿＿＿＿＿＿＿＿＿＿＿＿＿＿＿＿＿＿＿＿＿＿＿＿＿

5、毁林滥伐是地球上氧气的消耗率超过再生率的原因之一。

对 ☐　　　　　　　　错 ☐

理由：＿＿＿＿＿＿＿＿＿＿＿＿＿＿＿＿＿＿＿＿＿＿＿＿＿＿＿＿＿＿

根据《文章一》的内容，从右边的选项中选择最接近左边辞汇意思的一项。把答案写在方框里。第一个是例子。

例：检测（第一段）	G	A、持续
		B、推理、判断
6、推断（第一段）	☐	C、很长的时间
		D、很多
7、漫长（第二段）	☐	E、很牢固
		F、维修
8、维持（第三段）	☐	*G、检验、测量*

阅读《文章一》，从下列选项中选出适当的答案，把字母填入空格中。

9、根据第一段 ，科学家

A、曾经制造出一块玛瑙。
B、发现了一个纯氧气泡。
C、已经证明 8000 万年前地球大气层中氧气含量为 50%。
D、推断在 8000 万年内，大气层中的氧气减少了 9%。

10、根据第二段，下列说法正确的是

A、森林素有地球"肺叶"之称。
B、每公顷森林一年能吸收二氧化碳 270 吨。
C、光合作用需要消耗氧气。
D、燃烧天然气不会消耗氧气。

《文章二》—— 天后诞

根据《文章二》内容，回答下列问题。

11、根据第一段，天后诞在哪一天？	
12、根据第三段，为什么"第三炮"有"炮王"的称号？	
13、根据第四段，传统的盆菜是以什么盛载的？	
14、根据第五段，天后在哪些地方是人们常供奉的神祇？	

根据《文章二》的内容，从右边的选项中选择最接近左边辞汇意思的一项。把答案写在方框里。第一个是例子。

例：短暂（第一段）　　　　G

15、膜拜（第一段）　　　　☐

16、前夕（第二段）　　　　☐

17、灵验（第三段）　　　　☐

A、前一天晚上

B、灵活

C、有效、能够应验

D、验证

E、高举双手虔诚地跪拜

F、隔膜

G、时间很短

阅读《文章二》，从下面的方框里选出合适的辞汇填空。第一个是例子。

虽然	于是	因此	**不过**	然后	因而	可是

例：<u>不过</u>

18、_____

19、_____

20、_____

《文章三》　　生物电脑

阅读《文章三》，从下列选项中选出适当的答案，把字母填入空格中。

21、根据第三段 ，伦纳德·艾德曼

A、是哈佛大学的教授。
B、是研究 DNA 的专家。
C、曾经研制出 DNA 电脑。
D、曾经研究过试管 DNA 分子的生物化学反应。

22、根据第四段，下列哪一项是美国贝尔实验室的科学家正在研究的领域？

A、通讯
B、医疗
C、语言、文字
D、增强人的记忆

23、根据第四、五段，下列说法正确的是

A、科学家已经研究出可大量生产的生物电脑。
B、生物电脑不会有变质受损的问题。
C、到了 2020 年，传统电脑的运算速度将大大加快。
D、目前还没有足够的技术来生产生物电脑。

根据《文章三》，回答下列问题。

24、根据第一段，什么是"生物电脑"？

_____

25、根据第二段，为什么生物电脑有极大的储存容量？

_____

26、根据第三段，什么因素加快了生物电脑的传输和处理资讯的速度？

_____

27、根据第四段，为什么生物电脑能用来改善和增强人类的记忆力？

_____

根据《文章三》的内容，从右边的选项中选择最接近左边辞汇意思的一项。把答案写在方框里。第一个是例子。

例：特性（第一段） ☐ G

A、建设

B、装下

28、容纳（第二段） ☐

C、汇合

D、捷径

29、迅速（第三段） ☐

E、快速

F、合成一体

30、融合（第四段） ☐

G、独特的性质

第二部分

《文章四》——香港青少年吸毒的特点

用《文章四》里合适的部分完成下面的习题。至少写 120 个字，请不要大段抄写。

现时，香港青少年的吸毒问题越来越严重，你所就读的学校也发现有个别学生吸毒，因此，学校举行了一次关于禁毒的宣传活动。请你给校长写一封信，谈谈你参加这次活动的感想和体会。

IB Chinese B Mock Exam

IB 中文 B 级模拟试题

HIGHER LEVEL
PAPER ONE

高级程度 试卷一

Time: 1h30m

写作部分

BLANK PAGE

从下面六个题目中选一题，**至少写 *480* 个字。**

1、今年暑假，你参加了在北京举行的全球青少年交流活动，回校后你要在报告会上向全校师生汇报，谈谈参加是次活动的见闻感受。请据此写一篇演讲稿。

2、你发现很多同学在学校食堂吃饭时，常常剩下很多饭菜，你觉得这样做非常浪费。请写一封倡议书，呼吁同学们节约粮食。

3、你的外国朋友对中国的传统节日非常感兴趣，他/她写信向你询问中国人庆祝这些传统节日的方式，请你给他/她写一封回信，简单地介绍中国的传统佳节。

4、最近，中国媒体报道了很多中学生因沉迷网络而逃课的新闻，请你写一篇日记，谈谈自己对此的看法。

5、你将代表学校参加一场辩论比赛，主题是"死刑应否被废除"。请选择你支持的观点，完成一篇辩论稿。

6、你们学校将要举行"中国文化节"，请推荐一部能体现中国文化的书籍或电影。

BLANK PAGE

IB Chinese B Mock Exam

MARKSCHEME

IB 中文 B 级模拟试题评分标准

HIGHER LEVEL

PAPER ONE

高级程度 试卷一

BLANK PAGE

第一部分

《文章一》—— 地球上的氧气为何减少

下面的句子可能是对的，也可能是错的，请用（√）回答"对"或"错"，并用文章里的相关内容说明理由，必须两个答案都正确才能得一分。 （本题五分）

以下是例子。

例：地球大气层形成于4亿至40亿年前。

对 ☑   错 ☐

理由：地球的大气层形成于4亿至40亿年前这段漫长的岁月里。

1、8000万年前，地球大气层中氧气的含量为30%。

对 ☑   错 ☐

理由：**由此推断，当时地球大气层中的氧气含量为30%。**

2、1862年，覆盖地球陆地的森林面积有55亿公顷。

对 ☑   错 ☐

理由：**到了1862年，森林覆盖地球陆地的面积已减少到55亿公顷。**

3、目前，覆盖地球的森林面积，以每年1100万公顷的速度减少。

对 ☑   错 ☐

理由：<u>森林覆盖地球陆地的面积，以每年 1100 万公顷的速度减少。</u>

4、全球每年向大气层排放的二氧化碳约 36 亿吨。

对 ☐   错 ☑

理由：<u>全球每年向大气层排放二氧化碳约 50 亿吨。</u>

5、毁林滥伐是地球上氧气的消耗率超过再生率的原因之一。

对 ☑   错 ☐

理由：<u>由于全球性的毁林滥伐，加上大量使用煤、石油等化工燃料等原因，令地球上氧气的消耗率超过再生率。</u>

根据《文章一》的内容，从右边的选项中选择最接近左边辞汇意思的一项。把答案写在方框里。   *（本题三分）*

第一个是例子。

例：检测（第一段）	G	A、持续
		B、推理、判断
6、推断（第一段）	B	C、很长的时间
		D、很多
7、漫长（第二段）	C	E、很牢固
		F、维修
8、维持（第三段）	A	*G、检验、测量*

阅读《文章一》，从下列选项中选出适当的答案，把字母填入空格中。（本题两分）

9、根据第一段 ，科学家

A、曾经制造出一块玛瑙。
B、发现了一个纯氧气泡。
C、已经证明 8000 万年前地球大气层中氧气含量为 50%。
D、推断在 8000 万年内，大气层中的氧气减少了 9%。

D

10、根据第二段，下列说法正确的是

A、森林素有地球"肺叶"之称。
B、每公顷森林一年能吸收二氧化碳 270 吨。
C、光合作用需要消耗氧气。
D、燃烧天然气不会消耗氧气。

A

文章一：[10 分]

《文章二》—— 天后诞

根据《文章二》内容，回答下列问题。　　　　　　　　　　（本题四分）

11、根据第一段，天后诞在哪一天？	农历三月廿三日
12、根据第三段，为什么"第三炮"有"炮王"的称号？	因为它除了象征 "人财两旺"外，还是最灵验的一个花炮
13、根据第四段，传统的盆菜是以什么盛载的？	木盆
14、根据第五段，天后在哪些地方是人们常供奉的神祇？	香港及中国南部的沿海省份

根据《文章二》的内容，从右边的选项中选择最接近左边辞汇意思的一项。把答案写在方框里。第一个是例子。　　　　　　　　　　（本题三分）

例：**短暂（第一段）**	G	A、前一天晚上
		B、灵活
15、膜拜（第一段）	E	C、有效、能够应验
		D、验证
16、前夕（第二段）	A	E、高举双手虔诚地跪拜
		F、隔膜
17、灵验（第三段）	C	**G、时间很短**

阅读《文章二》，从下面的方框里选出合适的辞汇填空。　　　　（本题三分）

第一个是例子。

| 虽然 | 于是 | 因此 | **不过** | 然后 | 因而 | 可是 |

例：<u>不过</u>

18、<u>于是</u>

19、<u>然后</u>

20、<u>因此</u>

文章二：[10分]

《文章三》　生物电脑

阅读《文章三》，从下列选项中选出适当的答案，把字母填入空格中。　（本题三分）

21、根据第三段，伦纳德·艾德曼

A、是哈佛大学的教授。
B、是研究 DNA 的专家。
C、曾经研制出 DNA 电脑。
D、曾经研究过试管 DNA 分子的生物化学反应。

C

22、根据第四段，下列哪一项是美国贝尔实验室的科学家正在研究的领域？

A、通讯
B、医疗
C、语言、文字
D、增强人的记忆

B

23、根据第四、五段，下列说法正确的是

A、科学家已经研究出可大量生产的生物电脑。
B、生物电脑不会有变质或受损的问题。
C、到了 2020 年，传统电脑的运算速度将大大加快。
D、目前还没有足够的技术来生产生物电脑。

D

根据《文章三》，回答下列问题。　　　　　　　　　　*（本题四分）*

24、根据第一段，什么是"生物电脑"？

<u>生物电脑是以生物电子元件制成的电脑。</u>

25、根据第二段，为什么生物电脑有极大的储存容量？

__因为生物电脑使用以蛋白质制造的生物电脑晶片。__

26、根据第三段，什么因素加快了生物电脑的传输和处理资讯的速度？

__生物电脑低电阻、低能耗的性质加速了它的传输和处理资讯的速度。__

27、根据第四段，为什么生物电脑能用来改善和增强人类的记忆力？

__因为生物晶片处理资料快速，而且不会曲解、不会老化，甚至不会忘掉任何记忆。__

根据《文章三》的内容，从右边的选项中选择最接近左边辞汇意思的一项。把答案写在方框里。 （本题三分）

第一个是例子。

例：特性（第一段）	G		A、建设
			B、装下
28、容纳（第二段）	B		C、汇合
			D、捷径
29、迅速（第三段）	E		E、快速
			F、合成一体
30、融合（第四段）	F		*G、独特的性质*

文章三：[10分]

第一部分总分：[30分]

第二部分

《文章四》——香港青少年吸毒问题的特点

沟通目的：非正式的书面交流

一、文化沟通：

这次的写作目的是以书信的形式向校长汇报自己参加活动的体会，所以写作时应用第一人称、非正式的语气，且必须遵守一般书信的格式。考生必须清晰地表达出参加是次活动的体会，并于内容中强调自己对毒品的认识。

二、表达内容：

仅限于小部分的短句抄写。如果不合理地照抄原文中长或短的部分，将被认作是非法抄袭。作者应选择以下的部分内容：

- 香港青少年吸毒的问题近年来日趋严重。
- 吸毒人数有不断增加和年轻化的趋势。
- 青少年常聚集在一些公共场所吸毒。
- 应该为吸毒的青少年提供更多有效的戒毒和康复设施。
- 很多青少年吸毒者最后变成贩毒者，掉进了毒品犯罪的深渊。
- 吸毒和贩毒相互依存，形成恶性循环。
- 青少年要发奋图强，不断上进。
- 毒品影响青少年的身心健康。
- 通过这次活动，明白了吸毒的危害，一定会远离毒品。

> 要达到5级标准（即对原文有大体的理解），必须包括以上至少5项内容；要达到9级标准（即对原文有彻底的理解），必须包括至少8项内容。

文章四：[10分]

总分：40分

IB Chinese B Mock Exam

IB 中文 B 级模拟试题

HIGHER LEVEL
PAPER TWO
高级程度　试卷二

BLANK PAGE

IB Chinese B Mock Exam

IB 中文 B 级模拟试题

HIGHER LEVEL
PAPER TWO
高级程度 试卷二

Time: 1h30m

阅读部分

BLANK PAGE

第一部分

《文章一》　　　比尔·盖茨与微软

（第一段）　　1975 年，美国人比尔·盖茨和保罗·艾伦创办了微软公司，当其公司于 1981 年 6 月正式成立后，便随即为美国国际商用机器公司（IBM）设计出第一个操作系统产品 MS－DOS1.0，迈出了事业的第一步。1986 年 2 月，微软公司总部迁至美国西雅图东郊的雷德蒙德市。1986 年 3 月，公司股票上市。1990 年，微软公司推出第一个图形界面操作系统 Windows 3.0。其后，又相继推出新版的操作系统、办公软件和网络软件，事业蒸蒸日上。

（第二段）　　时至今日，微软公司已发展成全球最大的软件公司，在个人和商用电脑软件行业居世界领先地位。微软公司在全球约 100 个国家和地区均设有分公司，共拥有 6 万多名雇员。其推出的 7 类核心产品包括：Windows 客户端介面、信息工具、商业解决方案、服务器平台、移动应用系统及嵌入式设备、MSN、家庭消费及娱乐等。

（第三段）　　2005 年，微软公司净收入为 397.9 亿美元，比上个财政年度增长 8%,盈利额为 122.5 亿美元，同比增长 50%。在美国《福布斯》杂志 2006 年公布的年度全球富豪排行榜中，比尔·盖茨以 500 亿美元蝉联全球首富，已连续 12 次排名第一。

（第四段）　　微软公司产品的优点在于它们的普遍性，让用户从所谓的网络效应中得益。例如，Microsoft Office 的广泛使用令微软 Office 文件成为文书处理的格式标准，这样商业用户便能采用这套既容易设置，亦能够使企业因此而雇用低廉、技术水准不高的系统管理员处理软件。微软的软件对采购软件系统的 IT 经理来说，也代表了安全的保证和广受欢迎的选择。当然，也吸引了那些专业知识不足的用户。凭着这份普遍性，微软才能够打入世界任何一个网络，让世界各地的人在网络上接轨。

《文章二》 "不健康"食物的健康食用方法

（第一段） 近年，营养学家用先进的科技，对不同食物的基因进行了分析，结果发现很多日常食物中都含致癌或对人体有害的物质，这令很多人不敢再吃那些自己心爱但又被视为"不健康"的美食。幸运的是，最近有专家尝试从另一个角度出发，指出一些"不健康的食物"只要适量地进食，也能改善人体的健康状况。

（第二段） 首先是啤酒。众所周知，啤酒含高卡路里，可以令人的腹部累积一团赘肉，形成"啤酒肚"。但是，喝啤酒并不一定会增加体重。一罐清淡的啤酒比四分之三杯奶昔、半罐可乐或两块奶油巧克力所含的卡路里还少。由此可见，啤酒未必对人体构成那么严重的损害。而且每天喝一罐啤酒，跟每天喝一杯葡萄酒一样，都能让身体摄取抗氧化剂，从而减少患癌症和心脏病的风险。

（第三段） 其次是干肉片。科学家表示，高蛋白的肉类在烹饪后会产生化学混合物，它能导致癌症，但干肉片则没有这种有害的加工程式。因此每周吃 1-2 次，每次吃适量的干肉片，并不会对身体产生任何危害。但要避免吃含有很多盐的干肉片，因为这会导致血压增高。如果可以选择，最好挑选鸵鸟干肉片，它更有助于维持心脏健康。

（第四段） 再次是鸡蛋。虽然鸡蛋确实含有胆固醇，但它对人体的影响绝不像科学家所说的那样深远，而且鸡蛋更富含营养。对于一只含有 75 卡路里的鸡蛋，它能提供人体每天所需蛋白质的 12%，并能提供多种营养物质。每周吃 2-3 个鸡蛋对健康有益，不过要选择荷包蛋、水煮鸡蛋或炒鸡蛋，而非煎鸡蛋，因为煎鸡蛋容易产生致癌物质，而用 1-2 片番茄片夹着鸡蛋吃味道则更佳，还能预防疾病。

（第五段） 最后是花生。花生在降低心脏病发病率方面具有举足轻重的作用。如果用花生代替其他高脂肪食物，便能降低人体的胆固醇，花生同时具有抗癌作用。但要确保每周最多吃 5 次花生，每次不要超过一大汤勺，否则脂肪将会堆积在你的体内。

（第六段） 总之，凡事也得"量力而为"，无论多么健康的食品，吃得过量也是无益，适量就好。

《文章三》　　世界粮食日

（第一段）　　世界粮食日（World Food Day，缩写为 WFD），是世界各国政府每年在 10 月 16 日围绕发展粮食和农业生产举行纪念活动的日子。1979 年 11 月举行的第 20 届联合国粮食及农业组织（简称"联合国粮农组织"）大会决定将 1981 年 10 月 16 日定为首个世界粮食日。其实，选定 10 月 16 日作为世界粮食日是因为联合国粮农组织创建于 1945 年 10 月 16 日。现在，每年的这个日子，世界各国都会举办各种纪念活动。

（第二段）　　目前，世界上究竟有多少人饱受饥荒？联合国粮农组织自创立以来，不定期地进行了 5 次"世界粮食调查"。从这些调查得出的结论是：饥荒不但没有消除，*例*在不断扩大。联合国人口活动基金在 80 年代初完成的一份报告估计，世界谷物的产量可以养活 60 亿人口。<u>26</u> 就在同一时期，全球 45 亿人口中有近 4.5 亿人处于饥荒。1995 年，世界人口增长到 57 亿，处于饥荒的人口增加到 10 亿。

（第三段）　　1972 年，<u>27</u> 连续两年气候异常，使得全球粮食歉收，加上苏联大量抢购谷物，造成了世界性的粮食危机。为此，联合国粮农组织于 1973 年和 1974 年相继召开了第一次和第二次粮食会议，以唤起世界——特别是第三世界国家注意粮食及农业生产问题。但是，问题 <u>28</u> 没有得到解决，世界粮食危机反而更趋严重。"世界粮食日"的决议，就是在这个历史背景下得以通过。

（第四段）　　联合国粮农组织在关于"世界粮食日"的决议中要求各国政府在每年 10 月 16 日举办纪念活动。1981 年 10 月 16 日，第一个"世界粮食日"，全世界有 150 个国家举办了大规模的庆祝活动，盛况空前。其中，有 60 多个国家发行了 120 多种以"世界粮食日"为主题的纪念邮票，还有 33 个国家铸造了 60 多种纪念币，数量达 2 亿枚。凡此种种，都显示出世界人民对粮食和农业问题的关心。值得一提的是，自 1981 年第一个世界粮食日以来，中国政府的各个部门都极为重视，积极为此项活动作出贡献。每年的 10 月 16 日都会举行不同形式的纪念活动，以此来唤醒人们对粮食问题的关注。

（第五段）　　"世界粮食日"的诞生，不但证明了人类对粮食问题有了正确的认识，也证明世界各国已经开始重视发展粮食和农业生产。

第二部分

《文章四》　　青春因勇敢而精彩

鲁迅说过青年应当有朝气，敢作敢为。

如果说孩提时代是早上七、八点的晨光，柔和而稚嫩的话，那么青年时代的青春便是九点、十点的阳光，热烈而无畏。青春的美丽不但在于可遇而不可求，更在于它敢作敢为！难道不是这样吗？你看看，社会一声号召，大量的志愿者便踊跃报名到西部大开发，这些积极热情的志愿者大多是活力十足的年轻朋友。青春给人动力，青春时代，就应该敢作敢为，活出一幕幕精彩的情节，奏出一首首铿锵有力的进行曲。

青春，不是人生的一个时期，而是一种心态，是一种勇往直前的气概，是一种无私无畏的坦荡。

青春的本质，不是美丽的容颜、天真的笑颜，也不是灵活的身手，而是坚定的意志，丰富的想象，饱满的精神，是言出必行的果敢，是不断探索的冒险精神。

青春的年华，赋予我们战胜懦弱的勇气，所以，只有不断地挑战自己，完善自己，勇敢面对任何困难，才能让我们的青春绽放出美丽的光芒。

第一部分

《文章一》——比尔·盖茨与微软

根据《文章一》内容，从下面选出最合适的答案。把答案写在方框里。

1、根据第一段，微软公司

A、由比尔·盖茨一个人创办。
B、正式成立于 1975 年。
C、1986 年公司股票上市。
D、曾与 IBM 公司合并。

2、根据第二段，下列表述正确的是

A、微软公司是世界上最大的软件公司。
B、微软公司的分公司遍布美国各个州。
C、第一个圆形界面操作系统由 IBM 公司与微软一同设计。
D、微软公司的核心产品是家庭娱乐游戏软件。

3、根据第三段，微软公司在 2005 年

A、盈利为 397.7 亿美元。
B、盈利额同比上涨 50%。
C、收入同比上涨 8%。
D、盈利额为全球第一。

4、根据第四段，微软推出的产品

A、价格很高。
B、操作简便。
C、最适合 IT 精英使用。
D、有良好的售后服务。

根据《文章一》的内容，从右边的选项中找出最接近左边辞汇意思的一项。

第一个是例子。

例：创办（第一段）　　[C]

　　　　　　　　　　　　　　　　　A、相关

5、相继（第一段）　　[ ]　　　　B、连续获得

　　　　　　　　　　　　　　　　　C、创建、成立

6、蝉联（第三段）　　[ ]　　　　D、水平低

　　　　　　　　　　　　　　　　　E、联系

7、效应 （第四段）　　[ ]　　　　F、效果和反应

　　　　　　　　　　　　　　　　　G、便宜的

8、低廉（第四段）　　[ ]　　　　H、一个接一个

根据第四段的内容，回答问题。

9、微软产品的优点是什么？

_____

10、为什么 Microsoft Office 会如此受欢迎？

_____

《文章二》——"不健康"食物的健康食用方法

下面的句子可能是对的，也可能是错的，请用（√）回答"对"或"错"，并用文章里的相关内容说明理由，必须两个答案都正确才能得一分。以下是例子。

例 "不健康"的食物也能改善人体的健康状况。

对　　✓　　　　错　　☐

理由：最近有专家尝试从另类角度出发，指出一些"不健康的食物"只要适量地进食，也能改善人体的健康状况。

11、过量饮用啤酒必定会增加体重。

对　　☐　　　　错　　☐

理由：＿＿＿＿＿＿＿＿＿＿＿＿＿＿＿＿＿

12、每天喝一罐啤酒，可以减少患心脏病的风险。

对　　☐　　　　错　　☐

理由：＿＿＿＿＿＿＿＿＿＿＿＿＿＿＿＿＿

13、每周吃适量的干肉片，不会对身体产生任何危害。

对　　☐　　　　错　　☐

理由：＿＿＿＿＿＿＿＿＿＿＿＿＿＿＿＿＿

14、吃煎鸡蛋对健康最有益处。

对 ☐　　　错 ☐

理由：_____

15、吃越多有益于健康的食品，对身体越有益。

对 ☐　　　错 ☐

理由：_____

阅读《文章二》，选择合适的部分来完成句子。第一个是例句。

例：　啤酒含高卡路里，　☐ C 　　A、是致癌物质。

B、可以补充人体所需的微量元素。

16、高蛋白的肉类，　☐ 　　**C、但未必对人体构成严重的损害。**

D、过量食用的话，会令脂肪在体内堆积。

17、花生，　☐ 　　E、会破坏营养成分。

F、营养丰富，适合大量食用。

18、用一或两片番茄片　☐

夹着鸡蛋吃，　　G、经烹饪后会产生致癌的化学物质。

H、味道更好，还能预防疾病。

根据第三、四段的内容，回答问题。

19、吃含有很多盐的干肉片，会对身体有什么影响？

_____

20、最健康的食用鸡蛋的方法是什么？

_____

《文章三》—— 世界粮食日

根据第一、二、三段的内容，回答问题。

21、简述"世界粮食日"的来历和宗旨。（本题两分）

_____

22、导致 1972 年的粮食危机的原因是什么？（本题两分）

_____

根据《文章三》的内容，从右边的选项中找出最接近左边辞汇意思的一项。

第一个是例子。

例：举行（第一段） | C |

A、平常

B、决定

23、异常（第三段） | |

C、举办

D、异议

24、决议（第三段） | |

E、很空

F、以前没有的

25、空前（第四段） | |

G、不寻常的

阅读《文章三》，从下面的方框里选出合适的辞汇填空。

第一个是例子。

虽然	由于	并	却	还	**反而**	但

例：*反而*

26、_____

27、_____

28、_____

第二部分

《文章四》——青春因勇敢而精彩

用《文章四》里合适的部分完成下面练习题。至少写120字。不要大段抄写。

学校号召同学们暑期到贫困山区当志愿者，你认为青春应该敢于挑战、乐于奉献，请写一篇倡议书，鼓励同学积极响应学校的号召。

IB Chinese B Mock Exam

IB 中文 B 级模拟试题

HIGHER LEVEL
PAPER TWO

高级程度 试卷二

Time: 1h30m

写作部分

BLANK PAGE

从下面六个题目中选一题，至少写 480 个字。

1、书本除了可以丰富知识、陶冶性情和启迪智慧外，还可以教授做人的道理。请介绍一本给你印象最深刻的书，谈谈你读后的感想。

2、父母、老师乃至全社会都关爱我们年轻的一代，而我们是否也须关心别人呢？请写一封倡议书，号召所有同学都来关心身边的人。

3、你有一位同学不幸因出车祸而住院了。消息传来以后，同学们都很关心这位不幸的同学。请给校报写一篇新闻稿，简述事件，并呼吁同学们参与学校为该同学举办的筹款活动。

4、最近，报纸报道某学校开始实施体罚教育。对此，支持者认为，体罚能让学生变得坚强；反对者则认为，体罚没有教育意义而且是违法的行为。请你写一篇文章，谈谈自己的看法。

5、请写一篇介绍性的文章，介绍一种你最喜欢的小动物或植物。

6、你要参加一场辩论赛，题目是"应该先发展经济还是先保护环境"，选择你支持的观点，写一篇辩论稿。

BLANK PAGE

IB Chinese B Mock Exam

MARKSCHEME

IB 中文 B 级模拟试题评分标准

HIGHER LEVEL
PAPER TWO
高级程度 试卷二

BLANK PAGE

第一部分

《文章一》——比尔·盖茨与微软

根据《文章一》内容，从下面选出最合适的答案。把答案写在方框里。（本题四分）

1、根据第一段，微软公司

A、由比尔·盖茨一个人创办。
B、正式成立于 1975 年。
C、1986 年公司股票上市。
D、曾与 IBM 公司合并。

C

2、根据第二段，下列表述正确的是

A、微软公司是世界上最大的软件公司。
B、微软公司的分公司遍布美国各个州。
C、第一个圆形界面操作系统由 IBM 公司与微软一同设计。
D、微软公司的核心产品是家庭娱乐游戏软件。

A

3、根据第三段，微软公司在 2005 年

A、盈利为 397.7 亿美元。
B、盈利额同比上涨 50%。
C、收入同比上涨 8%。
D、盈利额为全球第一。

B

4、根据第四段，微软推出的产品

A、价格很高。
B、操作简便。
C、最适合 IT 精英使用。
D、有良好的售后服务。

B

根据《文章一》的内容，从右边的选项中找出最接近左边辞汇意思的一项。

第一个是例子。 （本题四分）

例：创办（第一段）   C

5、相继（第一段）   H

6、蝉联（第三段）   B

7、效应 （第四段）   F

8、低廉（第四段）   G

A、相关

B、连续获得

C、创建、成立

D、水平低

E、联系

F、效果和反应

G、便宜的

H、一个接一个

根据第四段的内容，回答问题。 （本题两分）

9、微软产品的优点是什么？

微软产品的优点在于它们的普遍性，让用户从所谓的网络效应中得益。

10、为什么 Microsoft Office 会如此受欢迎？

因为 Microsoft Office 文件是文书处理的格式标准，容易设置，亦能够使企业因此而雇用低廉、技术水准不高的系统管理员处理软件。

文章一：[10分]

《文章二》——"不健康"食物的健康食用方法

下面的句子可能是对的，也可能是错的，请用（✓）回答"对"或"错"，并用文章里的相关内容说明理由，必须两个答案都正确才能得一分。　　（本题五分）

以下是例子。

例 *"不健康"的食物也能改善人体的健康状况。*

对　　✓　　　　　错　　☐

理由：最近有专家指出一些"不健康的食物"只要适量地进食，也能改善人体的健康状况。

11、过量饮用啤酒必定会增加体重。

对　　☐　　　　　错　　✓

理由：啤酒含高卡路里，会形成"啤酒肚"，但是并不一定会增加体重。

12、每天喝一罐啤酒，可以减少患心脏病的风险。

对　　✓　　　　　错　　☐

理由：每天喝一罐啤酒，能让人体摄取抗氧化剂，从而减少患癌症和心脏病的风险。

13、每周吃适量的干肉片，不会对身体产生任何危害。

对　　✓　　　　　错　　☐

理由：每周吃1-2次，每次吃适量的干肉片，并不会对身体产生任何危害。

14、吃煎鸡蛋对健康最有益处。

对 ☐   错 ✓

理由：**因为煎鸡蛋容易产生致癌物质。**

15、吃越多有益于健康的食品，对身体越有益。

对 ☐   错 ✓

理由：**无论多么健康的食品，吃得过量也是无益，适量就好。**

阅读《文章二》，选择合适的部分来完成句子。   *（本题三分）*

第一个是例句。

例： 啤酒含高卡路里， C

16、高蛋白的肉类， G

17、花生， D

18、用一或两片番茄片

夹着鸡蛋吃， H

A、是致癌物质。

B、可以补充人体所需的微量元素。

C、**但未必对人体构成严重的损害。**

D、过量食用的话，会令脂肪在体内堆积。

E、会破坏营养成分。

F、营养丰富，适合大量食用。

G、经烹饪后会产生致癌的化学物质。

H、味道更好，还能预防疾病。

根据第三、四段的内容，回答问题。　　　　　　　　　　　　（*本题两分*）

19、吃含有很多盐的干肉片，会对身体有什么影响？

<u>吃含有很多盐的干肉片，会导致血压增高。</u>

20、最健康的食用鸡蛋的方法是什么？

<u>每周吃 2-3 个鸡蛋，并选择荷包蛋、水煮鸡蛋或炒鸡蛋，用一或两片番茄片夹着鸡蛋吃更佳。</u>

文章二：[10 分]

《文章三》—— 世界粮食日

根据第一、二、三段的内容，回答问题。　　　　　　　　（*本题四分*）

21、简述"世界粮食日"的来历和宗旨。（本题两分）

<u>世界粮食日定于每年的 10 月 16 日，因为联合国粮农组织创建于 1945 年 10 月 16</u>
<u>日。（1分）其宗旨是促进粮食发展和农业生产（1分）。</u>

22、导致 1972 年的粮食危机的原因是什么？（本题两分）

<u>连续两年气候异常使得全球粮食歉收（1分）；苏联大量抢购谷物（1分）。</u>

根据《文章三》的内容，从右边的选项中找出最接近左边辞汇意思的一项。

第一个是例子。　　　　　　　　　　　　　　（*本题三分*）

例：举行（第一段）	C	A、平常
		B、决定
23、异常（第三段）	G	*C、举办*
		D、异议
24、决议（第三段）	B	E、很空
		F、以前没有的
25、空前（第四段）	F	G、不寻常的

阅读《文章三》，从下面的方框里选出合适的辞汇填空。 （*本题三分*）

第一个是例子。

虽然	由于	并	却	还	*反而*	但

例： *反而*

26、 但

27、 由于

28、 并

文章三：［10分］

第一部分总分：［30分］

第二部分

《文章四》——青春因勇敢而精彩

沟通目的：正式的书面交流

一、文化沟通：

这次的写作目的是以倡议书的形式，号召同学去贫困山区当志愿者，所以写作时应用第一人称、正式的语气。考生必须清晰地表达出年轻人应该乐于奉献、勇于进取，同时也须说明贫困山区很需要志愿者的帮助。

二、表达内容：

仅限于小部分的短句抄写。如果不合理地照抄原文中长或短的部分，将被认作是非法抄袭。作者应选择以下的部分内容：

- 青年应当有朝气，敢作敢为。
- 有很多热血青年已经投身到西部开发的热潮中。
- 青春，不是人生的一个阶段，而是一种心态，是一种勇往直前的气概。
- 青春的本质不是美丽的容颜、天真的笑颜和灵活的身手。
- 青年人应该有坚定的意志、丰富的想象、饱满的精神。
- 青年人应该有言出必行的果敢。
- 青年人应该有不断探索的冒险精神。
- 只有不断地挑战自己，完善自己，才能让我们的青春绽放出美丽的光芒。
- 要以自己的行动号召更多人帮助贫困山区的群众。

> 要达到5级标准(即对原文有大体的理解)，必须包括以上至少5项内容；要达到9级标准（即对原文有彻底的理解），必须包括至少8项内容。

文章四：[10分]

总分：40分

IB Chinese B Mock Exam

IB 中文 B 级模拟试题

HIGHER LEVEL
PAPER THREE
高级程度 试卷三

BLANK PAGE

IB Chinese B Mock Exam

IB 中文 B 级模拟试题

HIGHER LEVEL
PAPER THREE

高级程度 试卷三

Time: 1h30m

阅读部分

BLANK PAGE

第一部分

《文章一》　　　中国十大名茶的美丽传说——铁观音

（第一段）　　安溪是福建省东南部毗邻厦门的一个县，是闽南乌龙茶的主要生产区。这里制茶业历史悠久，在唐代已出产茶叶。安溪境内雨量充沛，气候温和，适宜茶树的生长，而且经历代制茶人的辛勤劳动，精心地培殖了一系列的茶树良种。目前境内保存的良种有60多种，铁观音、黄旦、本山、毛蟹、大叶乌龙等都属于全国知名的良种，因此，安溪有"茶树良种宝库"之称。

（第二段）　　在众多的茶树良种中，品质最优秀、知名度最高的，要数铁观音了。铁观音原产于安溪县西坪镇，已有200多年的历史，关于铁观音名字的由来，在安溪还流传着这样的一个故事。

（第三段）　　相传，在清朝乾隆年间，安溪茶农魏饮制得一手好茶，他每日早晚都会泡三杯茶供奉观音菩萨，十年来从不间断，可见礼佛之诚。有一晚，魏饮梦见在山崖上有一株散发兰花香味的茶树，正想采摘时，一阵狗吠把好梦惊醒。第二天魏饮果然在崖石上发现了一株与梦中一模一样的茶树，于是采下一些芽叶带回家中，精心制作，制成之后茶味甘醇鲜爽，让人精神为之一振。魏饮认为这是茶中之王，就把这株茶树挖回家进行培殖。几年之后，茶树长得枝叶茂盛，因为此茶叶美如观音重如铁，又是观音托梦所获，于是，魏饮便把这种茶叶命名为"铁观音"。从此，铁观音就名扬天下了。

（第四段）　　铁观音是乌龙茶的极品，其品质特征是：茶条肥壮圆结，沉重匀整，色泽砂绿。冲泡后汤色多浓黄，而且带有天然馥郁的兰花香，滋味醇厚甘甜，回味悠久，俗称有"音韵"。

《文章二》　　注意你的体语

（第一段）　日常生活中，人们的一举一动，一颦一笑，往往是其心迹的显露，感情的外化。"回眸一笑百媚生"，"横眉冷对千夫指"，这一"回眸"，一"横眉"不正蕴含深长的意味吗？这种以非文字语言来传情达意的形式，就叫做"人体语言"，简称"体语"。

（第二段）　人体语言学家认为，人体是一个资讯反射站。它发出的种种动作、状态、表情等无声的"语言"，常常可以补充有声语言的未尽之意，帮助人们正确、完整地表达自己的思想。

（第三段）　人体语言有头语、脸语、手语、腿语等，可以说，人们的每个活动部位，都能传递出不同的资讯。例如，稍稍改变眉毛的位置，便可传达出全然不同的意思，一条眉毛扬起，表示怀疑；两眉扬起，则表示惊讶；两眉垂下，表示沮丧、悲忧；两眉横展，表示了愤怒。

（第四段）　常言道，眼睛是心灵的窗户。*例*，在人体语言中，眼语有极重要的地位，它可以传递出人们最细微的情感，"暗送秋波"、"眉开眼笑"、"瞠目结舌"等这些成语，都通过眼语来反映人们的喜、怒、哀、乐。

（第五段）　额肌收缩，眉头紧锁时，是一副迷惑不解之容；唇肌下降，口角略垂时，<u>16</u>一副闷闷不乐之态。察颜观色，可以了解一个人的内心世界；举手投足，<u>17</u>显露一个人的性格特征。有的人不善言谈，没有语出惊人的妙语，<u>18</u>，由于举止行为热情而不失态，自然而有礼节，能以体语弥补口语的不足，所以同样能赢得社交的胜利；有的人虽有一副好口才，但<u>19</u>不注意体语，一激动就手舞足蹈，旁若无人，<u>20</u>其表达效果就大打折扣了。

（第六段）　现在，人体语言学虽然还是一门年轻的学科，其实用性却能引起人们的关注，它已被广泛用于医学、心理学、社会学、公共关系学中。我们相信，未来它一定会成为开启人际关系的一把重要钥匙。

（第七段）　因此，现在开始，要多加注意你的体语！

《文章三》　　　　蛛网奥秘新探

（第一段）　　世间要是没有那么多的蜘蛛的话，蚊子、苍蝇等令人烦恼的虫子将会异常猖獗。据估计，英国的蜘蛛在一年内消灭昆虫的总重量，要大于全体英国人体重的总和。

（第二段）　　世界上大约有 40000 种蜘蛛，于七大洲均有分布。蛛网是一种奇妙的天然艺术结晶，它们大小不一，形态各异，由成千上万根蛛丝构成。蛛丝是一种骨蛋白，在蜘蛛体内呈液体状，排出体外遇到空气后便硬化为丝。最细的蛛丝只有一百万分之一英寸粗，然而，它并不如人们想象中那般柔弱，比同样粗细的钢丝还要结实。

（第三段）　　圆蛛是一种常见的蜘蛛，它常在园子里、树木间结网。这种蛛网由干丝和湿丝两种蛛丝构成。干丝基本上不具粘性，只是用来固定和支撑猎网。在骨架上一圈一圈的螺旋线是湿丝，它们不仅具有很强的粘滞性，而且也极富弹性，这是一种真正的猎网。干丝弹性不大，如果长度增加约 20%，它就会断裂；湿丝则大不一样，当其长度增加 3 倍时，它仍然可以恢复原状。因此，落网的蚊蝇之类是很难破网而逃的。

（第四段）　　湿丝为什么具有那么优良的弹性呢？科学家发现蜘蛛的湿丝并不是单丝。湿丝上布有一滴滴细小的珠状胶粘液体，每一滴珠状胶粘液体内都含有一卷丝线。当蛛网上的猎物挣扎时，那一卷卷丝线随之松开伸直，这就大大增加了丝线的弹性。当猎物被征服后，蛛丝便可弹回，变成线圈。

（第五段）　　蛛丝构造独特，堪称是一种精巧绝伦的弹簧，科学家希望透过蛛丝探索到一些新的科学奥秘，他们的研究将会给仿生学带来贡献。

第二部分

《文章四》 网络的利与弊

对青少年来说，网络俨然已成为他们的"生活必需品"。的确，互联网为他们学习知识、交流思想、展现自我提供了一个平台，但是，网络同时也存在着一些问题和危险。

网络为青少年成才提供了便利的条件。它开拓了求知求学的广阔空间，使青少年能放眼世界，获取各种资讯。同时，网络也扩展了青少年的社交空间。在网际交往过程中，青少年拓宽了眼界，建立了自信，打开了与世界沟通的桥梁，并逐渐形成一种独立意识、开放意识、全球意识，为成长和发展打下一个良好的基础。在网络教育平台上，由于资讯的快速传播，青少年可以方便快捷地获取知识、学习技能，既有助于提高其学习能力，也扩大了他们受教育的范围。

但是网络也给青少年的成长带来了一些负面的影响。一些组织和个人出于各种原因，不断在网上上传虚假资讯、不良资讯和非法内容，从而诱导认知能力低和自制力不高的青少年做出一些不道德或违法的事情。另外，网络游戏成瘾的问题也十分普遍。不少青少年沉迷于网络游戏，不但影响了他们的学业，也严重影响了他们的身心健康。

第一部分

《文章一》—— 中国十大名茶的美丽传说——铁观音

根据《文章一》的内容，从下面选出最合适的答案，把字母填在空格里。

1、根据第一段 ， 安溪

A、是厦门的一个县。
B、境内雨水充沛，气候干燥。
C、从唐代开始就生产茶叶。
D、境内主要生产绿茶。

2、根据第二段，铁观音

A、已有 1200 多年的历史。
B、原产于安溪县南坪镇。
C、名字的由来有一个传说。
D、是众多茶种中品质最差的。

3、根据第三段，魏饮

A、是明朝人。
B、是一名茶商。
C、是一名僧人。
D、是一名茶农。

根据《文章一》的内容，回答下面的问题。

4、根据第一段，安溪有什么美誉？	
5、根据第二段，铁观音的原产地在哪里？	
6、根据第三段，魏饮每天早晚都会做什么事情？	
7、根据第四段，铁观音的口感怎么样？	
8、根据第四段，铁观音有什么俗称？	

根据《文章一》，回答问题。

9、魏饮为什么把这种茶叫做"铁观音"？

_____

10、铁观音有何品质特征？

_____

《文章二》—— 注意你的体语

下面的句子可能是对的，也可能是错的，请用（✓）回答"对"或"错"，并用文章里的相关内容说明理由，必须两个答案都正确才能得一分。以下是例子。

例：人体语言学是一门古老的学科。

对 ☐　　　　　　　　　　错 ✓

理由：*现在，人体语言学还是一门年轻的学科。*

11、人们的一笑一颦是他们感情的外化。

对 ☐　　　　　　　　　　错 ☐

理由：＿＿＿＿＿＿＿＿＿＿＿＿＿＿＿＿＿＿＿＿

12、人体语言学家认为，人体的无声语言完全可以取代有声的语言。

对 ☐　　　　　　　　　　错 ☐

理由：＿＿＿＿＿＿＿＿＿＿＿＿＿＿＿＿＿＿＿＿

13、人们的每一个活动部位，都能传递出不同的资讯。

对 ☐　　　　　　　　　　错 ☐

理由：＿＿＿＿＿＿＿＿＿＿＿＿＿＿＿＿＿＿＿＿

14、双眉扬起表示愤怒。

对 ☐   错 ☐

理由：_____

15、眼睛可以传递出最细微的情感。

对 ☐   错 ☐

理由：_____

阅读第四、五段，从下面的方框里选出最合适的辞汇填空。第一个是例子。

还是	又是	而且	但是	可是
也能	因此	由于	的确	要么

例：的确_____

16、_____

17、_____

18、_____

19、_____

20、_____

《文章三》—— 蛛网奥秘新探

根据《文章三》的内容，从下面选出正确的三个句子。

A、蜘蛛可以消灭蚊子、苍蝇等昆虫。

B、世界上除了南极洲以外，别的大洲都有蜘蛛的分布。

C、蛛丝是一种蛋白质，非常的柔软。

D、现在的科学家已经完全破解了蛛网的奥秘。

E、圆蛛的蛛网由干丝和湿丝构成。

F、湿丝的弹性比干丝好很多。

21、☐

22、☐

23、☐

根据第三、四段的内容回答下面的问题。

24、落网的蚊蝇为什么很难破网而逃？

_____

25、湿丝为什么具有很好的弹性？

_____

根据《文章三》的内容，从右边的选项中选择最接近左边辞汇意思的一项。把答案写在方框里。第一个是例子。

例：消灭（第一段）　　　　 G 　　　　　　　　　A、神奇的秘密

　　　　　　　　　　　　　　　　　　　　　　　B、诚实

26、猖獗（第一段）　　　　　　　　　　　　　C、繁荣

　　　　　　　　　　　　　　　　　　　　　　　D、很多、泛滥

27、结实（第二段）　　　　　　　　　　　　　E、很牢固

　　　　　　　　　　　　　　　　　　　　　　　F、不能理解的

28、奥秘（第五段）　　　　　　　　　　　　　G、消失、灭亡

第二部分

《文章四》——网络的利与弊

用文章里合适的部分完成下面的习题。至少写120个字，请不要大段抄写。

你的父母担心上网会影响你的学习，因此不允许你上网。请给他们写一封信，表示你知道网络虽然存在很多弊端，但是对于现在的学习生活来说也非常重要，希望他们能够同意你上网。（10分）

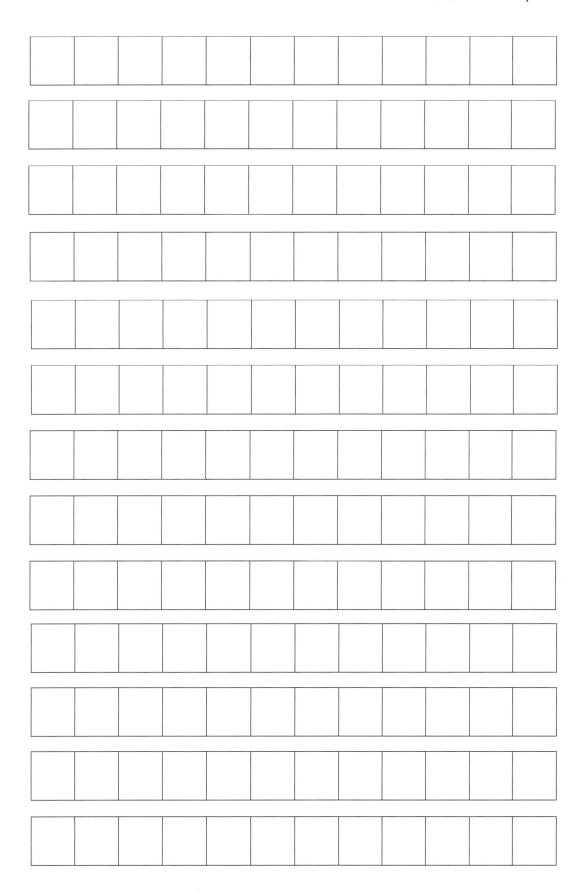

BLANK PAGE

IB Chinese B Mock Exam

IB 中文 B 级模拟试题

HIGHER LEVEL
PAPER THREE
高级程度 试卷三

Time: 1h30m

写作部分

BLANK PAGE

从下面六个题目中选一题，至少写 *480* 个字。

1、假设你正在外国留学，不能回家过年。请给你的家人写一封信，向他们介绍你的学习生活，说明不能回家的原因，并表达你对他们的思念之情。

2、圣诞节马上就要到了，你和家人都开始忙着准备过一个快乐的节日。请写一篇日记，说说你们如何为圣诞节做准备。

3、假如你是学校环保社团的成员，你们正在举办一项"爱护地球，环保节能"的活动，请写一封倡议书，呼吁同学节约能源。

4、假设你是参加世界青年大会的中学生代表，须在大会上发言。请写一篇演讲稿，析述目前国际社会所面临的人权问题。

5、学校要举行一次辩论会，题目是"安乐死的利与弊"。请写一篇辩论稿，阐述自己的观点。

6、請寫一篇文章，向同學介紹一部關於青少年成長的電影或電視劇，並談談你的感受。

BLANK PAGE

IB Chinese B Mock Exam

MARKSCHEME

IB 中文 B 级模拟试题评分标准

HIGHER LEVEL

PAPER THREE

高级程度 试卷三

BLANK PAGE

第一部分

《文章一》—— 中国十大名茶的美丽传说——铁观音

根据《文章一》的内容，从下面选出最合适的答案，把字母填在空格里。（本题三分）

1、根据第一段 ，安溪

A、是厦门的一个县。
B、境内雨水充沛，气候干燥。
C、从唐代开始就生产茶叶。
D、境内主要生产绿茶。

C

2、根据第二段，铁观音

A、已有 1200 多年的历史。
B、原产于安溪县南坪镇。
C、名字的由来有一个传说。
D、是众多茶种中品质最差的。

C

3、根据第三段，魏饮

A、是明朝人。
B、是一名茶商。
C、是一名僧人。
D、是一名茶农。

D

根据《文章一》的内容，回答下面的问题。 （本题五分）

4、根据第一段，安溪有什么美誉？	茶树良种宝库
5、根据第二段，铁观音的原产地在哪里？	安溪县西坪镇
6、根据第三段，魏饮每天早晚都会做什么事情？	泡三杯茶供奉观音菩萨
7、根据第四段，铁观音的口感怎么样？	醇厚甘甜、回味悠久
8、根据第四段，铁观音有什么俗称？	音韵

根据《文章一》，回答问题。 （本题两分）

9、魏饮为什么把这种茶叫做"铁观音"？

因为魏饮觉得此茶叶美如观音重如铁，又是观音托梦所获，所以将该茶命名为"铁观音"。

10、铁观音有何品质特征？

茶条肥壮圆结，沉重匀整，色泽砂绿。

文章一：[10分]

《文章二》—— 注意你的体语

下面的句子可能是对的，也可能是错的，请用（√）回答"对"或"错"，并用文章里的相关内容说明理由，必须两个答案都正确才能得一分。　　　　（本题五分）

以下是例子。

例：人体语言学是一门古老的学科。

对 [　]　　　　　　错 [√]

理由：现在，人体语言学还是一门年轻的学科。

11、人们的一笑一颦是他们感情的外化。

对 [√]　　　　　　错 [　]

理由：人们的一举一动，一笑一颦，往往是其心迹的显露，感情的外化。

12、人体语言学家认为，人体的无声语言完全可以取代有声的语言。

对 [　]　　　　　　错 [√]

理由：人体语言学家认为，人体的无声语言常常可以补充有声语言的未尽之意。

13、人们的每一个活动部位，都能传递出不同的资讯。

对 [√]　　　　　　错 [　]

理由：人们的每个活动部位，都能传递出不同的资讯。

14、双眉扬起表示愤怒。

对 ☐　　　　　错 ☑

理由：**双眉扬起表示惊讶。**

15、眼睛可以传递出最细微的情感。

对 ☑　　　　　错 ☐

理由：**眼语有极重要的地位，它可以传递出人们最细微的情感。**

阅读第四、五段，从下面的方框里选出最合适的辞汇填空。 （本题五分）

第一个是例子。

还是	又是	而且	但是	可是
也能	因此	由于	的确	要么

例：<u>的确</u>

16、<u>又是</u>

17、<u>也能</u>

18、<u>但是</u>

19、<u>由于</u>

20、<u>因此</u>

文章二：[10分]

《文章三》—— 蛛网奥秘新探

根据《文章三》的内容，从下面选出正确的三个句子。 （本题三分）

A、蜘蛛可以消灭蚊子、苍蝇等昆虫。

B、世界上除了南极洲以外，别的大洲都有蜘蛛的分布。

C、蛛丝是一种蛋白质，非常的柔软。

D、现在的科学家已经完全破解了蛛网的奥秘。

E、圆蛛的蛛网由干丝和湿丝构成。

F、湿丝的弹性比干丝好很多。

21、 A

22、 E

23、 F

根据第三、四段的内容回答下面的问题。 （本题四分）

24、落网的蚊蝇为什么很难破网而逃？（本题两分）

因为捕捉蚊蝇的猎网是由湿丝构成的；（1分）湿丝具有很强的黏滞性，也极具弹性。（1分）

25、湿丝为什么具有很好的弹性？（本题两分）

湿丝上布有一滴滴细小的珠状胶黏液体；（1分）每一滴珠状胶粘液体内都含有一卷丝线，当蛛网上的猎物挣扎时，丝线会松开伸直，大大增加了丝线的弹性。（1分）

根据《文章三》的内容，从右边的选项中选择最接近左边辞汇意思的一项。把答案写在方框里。　　　　　　　　　　　　　　　　　　　　*（本题三分）*

第一个是例子。

例：消灭（第一段）　　　G

A、神奇的秘密

26、猖獗（第一段）　　　**D**

B、诚实

C、繁荣

27、结实（第二段）　　　E

D、很多、泛滥

E、很牢固

28、奥秘（第五段）　　　A

F、不能理解的

G、消失、灭亡

文章三：［10 分］

第一部分总分：［30 分］

第二部分

《文章四》——网络的利与弊

沟通目的：非正式的书面交流

一、文化沟通：

这次的写作目的是以书信的形式，跟父母沟通，所以写作时应用第一人称、非正式的语气，且须遵守一般书信的格式。由于要说服父母同意自己上网，考生必须清晰地表达出上网的好处，以及自己对上网的认识，并说明自己如何处理好上网与学习之间的关系。

二、表达内容：

仅限于小部分的短句抄写。如果不合理地照抄原文中长或短的部分，将被认作是非法抄袭。作者应选择以下的部分内容：

- 理解父母的担心是有道理的。
- 网络为青少年成才提供了便利的条件。
- 网络开拓了求知求学的广阔空间。
- 网络扩展了青少年的社交空间。
- 网络确实存在一些问题。
- 有些组织和个人会在网上上传虚假资讯、不良资讯和非法内容。
- 青少年可能会因为网上不良信息的诱导而做出不道德或违法的事情。
- 你具有判断网络利弊的能力。
- 向父母保证不会因为上网而影响自己的学习。

> 要达到 5 级标准(即对原文有大体的理解)，必须包括以上至少 5 项内容；要达到 9 级标准（即对原文有彻底的理解），必须包括至少 8 项内容。

文章四：[10 分]

总分：40 分

BLANK PAGE

Vocabulary

1、本表所选的词语为写作及口试应试指导范文中加粗的词语。

2、本表词语按中文、拼音、及英文注释的顺序编排。

写作指导

一、日记

1、瑟瑟发抖	sè sè fā dǒu	trembling
2、皮包骨头	pí bāo gǔ tóu	skinny
3、怜悯	lián mǐn	to have compassion for, to take pity on
4、天伦之乐	tiān lún zhī lè	family happiness
5、冷漠	lěng mò	cold and detached
6、视而不见	shì ér bú jiàn	turn a blind eye
7、无家可归	wú jiā kě guī	homeless
8、悉心照顾	xī xīn zhào gù	to devote attention to taking care of someone
9、力所能及	lì suǒ néng jí	within one's ability
10、身体力行	shēn tǐ lì xíng	earnestly practice what one advocates

二、一般书信

11、历历在目	lì lì zài mù	come clearly into view
12、永生难忘	yǒng shēng nán wàng	can never be forgotten
13、承受	chéng shòu	to bear
14、大街小巷	dà jiē xiǎo xiàng	streets and lanes
15、如火如荼	rú huǒ rú tú	rapid
16、千山万水	qiān shān wàn shuǐ	a long and arduous journey
17、挂念	guà niàn	to miss somebody
18、导致	dǎo zhì	lead to
19、担心	dān xīn	to worry about
20、柔和	róu hé	soft and gentle
21、倾诉	qīng sù	to talk to

22、问心无愧　　　wèn xīn wú kuì　　　having no doubt or worry upon
　　　　　　　　　　　　　　　　　　　　self examination

三、申请书

23、微薄之力　　　wēi bó zhī lì　　　scanty strength
24、不可或缺　　　bù kě huò quē　　　indispensable
25、锻炼　　　　　duàn liàn　　　　to train
26、待人接物　　　dài rén jiē wù　　　the way one gets along with people
27、突发　　　　　tū fā　　　　　　sudden
28、胜任　　　　　shèng rèn　　　　competent, capable of
29、幽默风趣　　　yōu mò fēng qù　　　humorous
30、宝贵的　　　　bǎo guì de　　　　precious
31、诚恳地　　　　chéng kěn de　　　sincerely
32、随时　　　　　suí shí　　　　　at all times

四、倡议书

33、奉献　　　　　fèng xiàn　　　　to contribute
34、瘫痪　　　　　tān huàn　　　　be paralyzed
35、东奔西走　　　dōng bēn xī zǒu　　running around
36、慷慨解囊　　　kāng kǎi jiě náng　to help someone generously

五、演讲稿

37、无穷无尽　　　wú qióng wú jìn　　inexhaustible, endless
38、心驰神往　　　xīn chí shén wǎng　to be enchanted and intoxicated with
39、宁静　　　　　níng jìng　　　　quiet
40、烟消云散　　　yān xiāo yún sàn　　vanish completely
41、懵然无知　　　měng rán wú zhī　　completely ignorant
42、黯淡的　　　　àn dàn de　　　　dim, gloomy
43、栩栩如生　　　xǔ xǔ rú shēng　　lifelike
44、良师益友　　　liáng shī yì yǒu　a good teacher and helpful friend
45、开拓视野　　　kāi tuò shì yě　　to broaden horizon
46、薪火相传　　　xīn huǒ xiāng chuán　passing on something
47、满腔热情　　　mǎn qiāng rè qíng　full of enthusiasm
48、不折不扣　　　bù zhé bù kòu　　completely
49、实事求是　　　shí shì qiú shì　　pragmatic
50、通力合作　　　tōng lì hé zuò　　to make an concerted effort in cooperating

51、群策群力	qún cè qún lì	to pool together everyone's efforts
52、临别	lín bié	at the moment of parting
53、光阴似箭	guāng yīn sì jiàn	time flies
54、栽培	zāi péi	to nurture, cultivate
55、前程似锦	qián chéng sì jǐn	plendid prospect, glorious future
56、发奋图强	fā fèn tú qiáng	to work hard to strengthen yourself

六、辩论稿

57、关键期	guān jiàn qī	a critical moment
58、偏远的	piān yuǎn de	remote
59、破旧的	pò jiù de	old and run-down
60、吸引	xī yǐn	to attract
61、谆谆教诲	zhūn zhūn jiào huì	earnest teaching
62、缺乏	quē fá	lack of

七、注意事项

63、交流	jiāo liú	exchange of
64、组织	zǔ zhī	to organize
65、擅自	shàn zì	to do something without permission
66、及时	jí shí	timely
67、遗留	yí liú	left over
68、蔓延	màn yán	spreading
69、迄今	qì jīn	until now
70、避免	bì miǎn	to avoid
71、拥挤	yōng jǐ	crowded
72、就诊	jiù zhěn	to visit a doctor

八、介绍性文章

73、旅游胜地	lǚ yóu shèng dì	a tourist spot
74、包罗万有	bāo luó wàn yǒu	all-inclusive
75、美丽动人	měi lì dòng rén	beautiful and moving
76、回味无穷	huí wèi wú qióng	to ponder over something endlessly
77、心仪的	xīn yí de	lovable
78、人山人海	rén shān rén hǎi	huge crowds of people
79、满载而归	mǎn zài ér guī	coming back with fruitful result
80、闪烁耀眼	shǎn shuò yào yǎn	glittering and dazzling

81、雄伟	xióng wěi	magnificent
82、壮观	zhuàng guān	spectacular
83、悠久	yōu jiǔ	old
84、灿烂	càn làn	brilliant, splendid
85、闪闪发光	shǎn shǎn fā guāng	glittering, shining brightly
86、琳琅满目	lín láng mǎn mù	many different things to see
87、目不暇接	mù bù xiá jiē	the eye cannot take it all in
88、博大精深	bó dà jīng shēn	extensive and profound

九、新闻报道

89、冠军	guàn jūn	champion
90、声名大噪	shēng míng dà zào	rising reputation
91、淡泊名利	dàn bó míng lì	indifferent to wealth and fame
92、儒雅	rú yǎ	culturally refined
93、精通	jīng tōng	to master

十、议论文

94、幸福美满	xìng fú měi mǎn	perfect and happy
95、不治之症	bù zhì zhī zhèng	incurable disease
96、日以继夜	rì yǐ jì yè	day and night
97、勉强	miǎn qiǎng	reluctantly
98、疲劳过度	pí láo guò dù	exhausted
99、理所当然	lǐ suǒ dāng rán	as a matter of course

十一、说明文

100、掌握	zhǎng wò	to grasp or master
101、少许	shǎo xǔ	a little
102、适量	shì liàng	a suitable amount
103、大功告成	dà gōng gào chéng	successful completion of something

十二、记叙文

104、曲折	qū zhé	twists and turns
105、风光如画	fēng guāng rú huá	picturesque scenery
106、热情地	rè qíng de	passionately
107、盛情难却	shèng qíng nán què	ungracious to resist kindness
108、洋溢	yáng yì	permeated with

109、朴素	pǔ sù	simple
110、淳厚友善	chún hòu yǒu shàn	honest and friendly
111、屹立不倒	yì lì bù dǎo	standing strongly
112、领略	lǐng lüè	to understand
113、地灵人杰	dì líng rén jié	a remarkable place

口试指导

一、青年问题

114、负面影响	fù miàn yǐng xiǎng	negative influence
115、寄托	jì tuō	to place or entrust
116、阻碍	zǔ ài	to prevent
117、认同	rèn tóng	agree with
118、无处不在	wú chù bú zài	exists everywhere

二、社会问题

119、传播	chuán bō	spreading
120、窃取	qiè qǔ	to steal
121、保证	bǎo zhèng	to guarantee
122、误导	wù dǎo	to mislead
123、泛滥	fàn làn	to be flooded with
124、代名词	dài míng cí	a pronoun
125、维护	wéi hù	to protect

三、全球问题

126、无日无之	wú rì wú zhī	things happen every day
127、飙升	biāo shēng	increases rapidly
128、阻挡	zǔ dǎng	to block
129、严重性	yán zhòng xìng	severity
130、开垦	kāi kěn	to open up
131、后果	hòu guǒ	consequences
132、和谐	hé xié	harmonious

四、中国文化问题

133、	张灯结彩	zhāng dēng jié cǎi	every family is decorating
134、	欢声笑语	huān shēng xiào yǔ	happy and cheerful
135、	丰盛	fēng shèng	abundant, plentiful
136、	狼吞虎咽	láng tūn hǔ yàn	eating without manners
137、	津津有味	jīn jīn yǒu wèi	delicious
138、	腾空而起	téng kōng ér qǐ	going upwards

五、现代科技问题

139、	各式各样	gè shì gè yàng	all kinds of
140、	数不胜数	shǔ bú shèng shù	innumerable
141、	偶尔	ǒu ěr	sometimes
142、	浏览	liú lǎn	to visit
143、	转瞬间	zhuǎn shùn jiān	instantaneous
144、	映入眼帘	yìng rù yǎn lián	to come into view
145、	珍惜	zhēn xī	to value and treasure

六、娱乐问题

146、	魅力	mèi lì	charm
147、	愉悦身心	yú yuè shēn xīn	cheerful physically and spiritually
148、	驰骋	chí chěng	to gallop
149、	成就感	chéng jiù gǎn	a sense of achievement
150、	适宜的	shì yí de	suitable, appropriate
151、	神经衰弱	shén jīng shuāi ruò	neurotic
152、	开朗	kāi lǎng	optimistic, cheerful
153、	精力充沛	jīng lì chōng pèi	full of energy
154、	浮躁的	fú zào de	impetuous, impulsive

七、旅游问题

155、	喧嚣	xuān xiāo	noisy
156、	人烟稀少	rén yān xī shǎo	sparsely populated
157、	光顾	guāng gù	to patronize (e.g. a shop/restaurant)
158、	风情	fēng qíng	feeling local conditions or customs
159、	怡人	yí rén	beautiful

CONVERSION TABLE

Explanation:

—The table below classifies students' ability using a Grade 1-7 scale, based on the mark scheme of the IB Chinese examination.

—The grading of students is based on their actual scores and the weighting of each question. For example, a student would obtain a Grade 6 if he/she scored 29-34% in a question with a 40% weighting.

说明：

—本表根据 IB 中文考试的评分标准将考生能力分为 1-7 个等级（例如：6 级）。

—考生所获等级依据实际所得分数与各题满分的比率划分。例如：若该题满分为 40 分，考生实际得分在 29-34 分区间内，则相应为 6 级水准。

Scale	Percentage weighting														Grade
	10	15	20	25	30	35	40	45	50	55	60	70	80	100	
Very poor	1	1-2	1-3	1-4	1-4	1-5	1-6	1-6	1-7	1-8	1-8	1-10	1-11	1-14	1
Poor	2-3	3-4	4-6	5-7	5-9	6-10	7-12	7-13	8-15	9-16	9-17	11-20	12-23	15-29	2
Mediocre	4	5-7	7-9	8-11	10-13	11-15	13-18	14-20	16-22	17-24	18-26	21-31	24-35	30-44	3
Satisfactory	5	8	10-11	12-14	14-16	16-19	19-22	21-24	23-27	25-30	27-32	32-38	36-43	45-54	4
Good	6-7	9-10	12-14	15-17	17-21	20-24	23-28	25-31	28-35	31-38	33-41	39-48	44-55	55-69	5
Very good	8	11-13	15-17	18-21	22-25	25-29	29-34	32-38	36-42	39-46	42-50	49-59	56-67	70-84	6
Excellent	9-10	14-15	18-20	22-15	26-30	30-35	35-40	39-45	43-50	47-55	51-60	60-70	68-80	85-100	7